ISBN 978-0-282-41236-4
PIBN 10533871

Forgotten Books is a registered trademark of FB &c Ltd.
Copyright © 2017 FB &c Ltd.
FB &c Ltd, Dalton House, 60 Windsor Avenue, London, SW19 2RR.
Company number 08720141. Registered in England and Wales.

For support please visit www.forgottenbooks.com

1 MONTH OF
FREE
READING

at
www.ForgottenBooks.com

By purchasing this book you are eligible for one month membership to ForgottenBooks.com, giving you unlimited access to our entire collection of over 700,000 titles via our web site and mobile apps.

To claim your free month visit:

www.forgottenbooks.com/free533871

English
Français
Deutsche
Italiano
Español
Português

www.forgottenbooks.com

Mythology Photography **Fiction**
Fishing Christianity **Art** Cooking
Essays Buddhism Freemasonry
Medicine **Biology** Music **Ancient
Egypt** Evolution Carpentry Physics
Dance Geology **Mathematics** Fitness
Shakespeare **Folklore** Yoga Marketing
Confidence Immortality Biographies
Poetry **Psychology** Witchcraft
Electronics Chemistry History **Law**
Accounting **Philosophy** Anthropology
Alchemy Drama Quantum Mechanics
Atheism Sexual Health **Ancient History**
Entrepreneurship Languages Sport
Paleontology Needlework Islam
Metaphysics Investment Archaeology
Parenting Statistics Criminology
Motivational

LES MYSTERES

DE

L'AMOUR DIVIN.

AVEC

Des Reflexions Morales, tirées
de l'Ecriture Sainte &
des Saints Peres.

PAR VN ECCLESIASTIQVE,

HÆC META LABORUM

A PARIS,

Chez JEAN MARIETTE, Libraire, ruë
S. Jacques aux Colonnes d'Hercules.

M. DCC XIX.

Avec Approbation & Privilege.

A

SON ALTESSE ROYALE

MADAME D'ORLEANS

TRES DIGNE ABBESSE

DE L'ABBAYE ROYALÉ

DE CHELLES.

ADAME·

La genereuse resolution
que vous avez si glorieu-
sement executée en embras-

ã ij

ſant la vie religieuſe, a touché ſi vivement tous ceux
qui ont du zele pour l'honneur de l'Egliſe, que dans
la penſée où j'étois de mettre
au jour un petit Volume
qui traite des merveilles de
l'Amour Divin, je me ſuis
ſenti auſſi-toſt porté à en faire une offrande à VOSTRE
ALTESSE ROYALE.

Je me ſuis perſuadé qu'un
ſujet ſi digne de ſa pieté
pourroit ne luy pas deplai-
re, & qu'eſtant honoré d'u-
ne telle protection il en ſe-

roit receu du Public beaucoup plus favorablement.

Ouy, *MADAME*, le
sacrifice que vous avez fait
au Tres - Haut avec tant
d'édification n'est pas seulement une preuve autentique
de la pureté de vostre vocation & de vostre juste discernement, mais encore une
marque sensible du dessein
que Dieu a de procurer sa
gloire, en enlevant au siecle
une Princesse si accomplie, &
en mesme tems si capable
par la superiorité de son es-

prit & l'éminence de sa vertu, d'édifier le cloître & d'en augmenter la reputation.

Je m'estimerois heureux, si ce leger essay sur cette precieuse matiere de l'amour sacré, en faisant connoître les merveilles de celuy de Dieu envers les hommes, pouvoit les porter à y répondre dignement par la pratique des moyens qui nous y sont recommandez.

C'est à quoy tendent mes vœux, & ce que vôtre exemple, MADAME, dans l'exercice de la vie religieuse, pourra encore bien mieux operer, que la foiblesse de mes pensees & de mes expressions.

J'ay lieu d'esperer que ce puissant suplement & l'obli‐geante protection de VOSTRE ALTESSE ROYALE, en attirant sur cet ouvrage les benedictions de Dieu, & l'estime du Public, pourront par les excellens sujets qui le composent, & la varieté des Emblesmes qui en font l'ornement, contribuer au‐tant à l'instruction des per‐

sonnes religieuses, & à leurs
pieuses recreations, qu'à l'é-
dification des autres fideles.

Dans cette confiance,
MADAME, j'ay l'hon-
neur de vous le presenter, vous
supliant tres humblement de
vouloir bien l'agréer comme
une marque du tres profond
respect avec lequel je suis,

MADAME,

de VOSTRE ALTESSE ROYALE,

Le tres-humble & tres-
obeissant Serviteur, ***

ORAISON
DEDICATOIRE
A
JESUS-CHRIST.

LE PRECIEUX DON
DE LA CHARITÉ
DE DIEU.

Joan. Ch. 3.

GRATIA CHRISTVS.

2. Cor. 13.

JESUS, vray amant
& zelateur des ames,
l'objet & le glorieux
terme de nos amours, qui pre-

à v

nez vos delices à converſer avec les enfans des hommes: Daignez regarder favorablement ce petit Ouvrage d'amour, que j'offre en tout reſpect & en toute humilité à vôtre divin cœur.

Je ſçay, ô Sageſſe éternelle, que ce que je me ſuis propoſé d'écrire ſur vôtre amour envers les hommes vos bien aimées creatures, eſt bien au-deſſous de ce que j'en dois penſer & écrire; mais j'eſpere que vous ſupporterez avec bonté les idées que j'en ay conceuës dans l'œconomie de vôtre infinie charité.

Toutes les differentes images qui compoſent cet Ouvrage ſont autant de tableaux où nous voyons avec plaiſir les marques & les traits de vôtre amour , & autant de leçons où nous apprenons l'heureuse obligation de vous aimer.

A vous voir, divin Maître des cœurs , dans ces pieuses énigmes d'amour , selon les differens mouvemens que vous paroissez vous y donner , il semble que nous soyons vôtre unique ou pricipal objet, & que vous vous oubliez vous-même pour ne vous occuper que de nous.

Mais qui sommes - nous , ô Roy de gloire pour meriter ainsi vôtre attention & vos recherches ! vous nous aimez avec autant d'ardeur que si nous étions capables de contribuer à vôtre felicité ; & quoi qu'infideles & trés indignes de vôtre amour, vous voulez nous faire connoître que vous nous aimez, & que vous voulez aussi que nous vous aimions & que nous prenions avec vous reciproquement nos plus cheres délices.

O prodige de la bonté de D.eu! Eh! sçavez-vous bien qui vous êtes, & qui nous sommes?

N'êtes-vous pas nôtre Dieu, nôtre Createur & nôtre Sauveur? Et ne sommes - nous pas vos creatures, des pecheurs & des esclaves? Ouy sans doute, répondez-vous, ô Divin Amour, ouy, je le sçai, mais c'est à cause que je suis vôtre Dieu, vôtre Créateur, & vôtre Sauveur, & que vous êtes mes creatures, des pecheurs & des esclaves : que je suis

'defcendu du fein de mon Pere pour vous chercher, pour
vous délivrer, pour vous faire
comprendre que je vous aime,
& que tout ce que je vous
demande, eſt que vous m'aimiez & me donniez vôtre cœur.
Prov. 23.

Mais que vous demande-t-il
qui ne lui appartienne pas ?
& quel bien lui en reviendra-
t-il que vous l'aimiez, ou plûtôt quel bien ne vous en re-
viendra-t-il pas à vous mêmes ?

Vous le connoîtrez, ames
fidelles, & vous en ſerez dans
l'étonnement, ſi vous faites
reflexion ſur ces Images qui
vous ſont offertes, & qui ne
ſont que de foibles expreſſions
de ſon amour.

Ouy vous le connoîtrez, &

vous en ferez touchez , fi vous meditez avec un cœur reconnoiffant l'excés de fa charité, qui le porte jufques à fe contraindre en tout , pour vous mettre en liber-té & comme à s'aneantir lui-même pour vous donner la vie.

C'eft donc avec juftice , ô Dieu infiniment aimable ! que vôtre Saint Apôtre prononce anathême contre ceux qui ne vous aiment pas , qui font in-differens, tandis que vous êtes pour eux tout embrazé & tout de feu; qui s'enfuient de vous, lorfque vous les cherchez ; qui bouchent leurs oreilles, lors que vous leur parlez ; & qui oublient vos miferi-cordes , lors que vous oubliez leurs iniquitez.

- Non, non, ô le plus fidele
& le plus parfait des amans !
il n'en sera pas ainsi de nous :
vôtre amour dont nous allons
exposer les prodiges , sera le
charme puissant qui ravira le
nôtre ; & vous aurez autant
d'amans que vous aurez de
témoins de vos merveilles dans
les sacrés épanchemens de vôtre charité.

Entrez donc, vous tous qui
ne respirez que l'amour de vôtre Dieu , dans le jardin de
son amour , entrez dans ce
petit paradis terrestre , non seulement pour en admirer les
beautez , mais encore pour y
cuëillir , & pour y goûter de
tous les fruits, qui vous y sont
presentez par les explications

de ces agréables peintures, qui
en font la matiere & l'ornement.

Ne craignez pas d'y entrer,
vous n'y trouverez point l'ange exterminateur, qui avec le
glaive vous en défende l'entrée; mais vous y verrez l'Ange de la paix & de l'amour
qui vous invite & vous exhorte à le faire.

Vous n'y trouverez aucun
arbre, dont il ne vous soit
permis de manger le fruit sans
crainte de la mort, c'est-
à-dire vous n'y trouverez
aucune Emblême, dont la
peinture & l'explication ne
soient capables de vous fournir quelque nourriture spirituelle, & ne puisse vous édifier.

Vous n'y ferez point ébranlez, ny en danger d'être ren-
verfez par le vent froid & impetueux d'aquilon, c'eft-à-dire
par la tentation du demon ,
qui fit tomber nos premiers
parens dans ce lieu de delices
où Dieu les avoit mis ; mais
au contraire vous y ferez foû-
tenus, échauffez & vivifiez par
le doux & chaud vent du midy, c'eft - à - dire par les a-
moureufes & falutaires infpi-
rations du Saint Efprit , qui
répandra dans vos cœurs l'o-
deur vivifiante de toutes les
vertus.

J'en efpere tous ces bons
effets ô Divin Amour ' fi

nedictions à ce petit Ouvrage de pieté , que je confa-

cre à vôtre gloire & à l'édification de vos amans.

TABLE.

TABLE.

E

F

G

L

TABLE.

TABLE.

Fin de la Table.

APPROBATION.

J'Ay lû par ordre de Monſeigneur le Garde des Sceaux, un Manuſcrit qui a pour Titre, *Les Myſteres de l'Amour Divin, avec des Reflexions,* &c. dans lequel je n'ai rien trouvé qui puiſſe en empêcher l'impreſſion. A Paris ce 28. Novembre 1718.

DESVERNEYS.

LOUIS par la grace de Dieu, Roi de France &
de Navarre : A nos Amez & feaux Conseillers,
les Gens tenans nos Cours de Parlement, Maîtres des
Requétes ordinaires de nôtreHôtel, Grand Conseil,
Prevôt de Paris, Bailifs, Sénéchaux, leur Lieutenans
Civils, & autres nos Justiciers qu'il appartiendra,
Salut. Nôtre bien amé JEAN MARIETTE Libraire
à Paris, Nous ayant fait remontrer qu'il lui auroit
esté mis en main deux Ouvrages qui ont pour titre,
Reflexions critiques sur la Poësie & sur la Peinture,
& les Mysteres sur l'Amour Divin, qu'il souhaitte-
roit faire imprimer & donner au Public, s'il nous
plaisoit lui accorder nos Lettres de Privilege sur ce
necessaires; A CES CAUSES. Voulant favorablement
traiter l'Exposant, Nous avons permis & permet-
tons par ces Presentes audit Mariette, de faire
imprimer lesdits livres en tels volumes, forme,
marge, caractere, conjointement ou séparement,
& autant de fois que bon lui semblera, & de les
vendre, faire vendre & debiter par tout nôtre Royaume pendant le tems de neuf années consecutives, à
compter du jour de la datte desdites Presentes : Faisons défenses à toutes sortes de personnes de quelque
qualité & condition qu'elles soient, d'en introduire
d'impression étrangere dans aucun lieu de nôtre
obéissance, comme aussi à tous Libraires-Impri-
meurs & autres, d'imprimer, faire imprimer, vendre,
faire vendre, debiter ny contrefaire lesdits Livres
en tout ny en partie, ny d'en faire aucuns extraits
sous quelque pretexte que ce soit, d'augmentation,
correction, changement de titre ou autrement, sans
la permission expresse & par écrit dudit Exposant,
ou de ceux qui auront droit de lui, à peine de con-
fiscation des Exemplaires contrefaits, de trois mil
livres d'amende contre chacun des contrevenans,
dont un tiers à Nous, un tiers à l'Hôtel-Dieu de
Paris, l'autre tiers audit Exposant, & de tous dé-
pens, domages & interêts; à la charge que ces Presen-

tes feront enregiftrées tout au long fur le Regiftre de la Communauté des Imprimeurs & Libraires de Paris, & ce dans trois mois de la datte d'icelles : que l'impreffion de ces Livres fera faite dans nôtre Royaume & non ailleurs, en bon papier & en beaux caracteres, conformément aux Reglemens de la Librairie ; & qu'avant de les expofer en vente les Manufcrits ou imprimez qui auront fervi de copie pour l'impreffion defd. Livres, feront remis dans le même état où les approbations y auront efté données, és mains de noftre très-cher féal Chevalier Garde des Sceaux de France, le Sieur de Voyer de Paulmy, Marquis d'Argenfon ; & qu'il en fera enfuitte mis deux Exemplaires de chacun dans nôtre Biblioteque publique, un dans celle de nôtre Château du Louvre & un dans celle de nôtre trés-cher & féal Chevalier Garde des Sceaux de France, le Sieur de Voyer de Paulmy, Marquis d'Argenfon ; le tout à peine de nullité des Prefentes : du contenu defquelles vous mandons & enjoignons defaire joüir l'Expofant ou fes ayans caufe pleinement & paifiblement, fans fouffrir qu'il leur foit fait aucun trouble ou empêchement : Voulons que la copie defd. Prefentes qui fera imprimée au commencement ou à la fin defd Livres, foit tenuë pour düement fignifiée, & qu'aux copies collationnées par l'un de nos amez & feaux Confeillers & Secretaires foy foit ajoûtée comme à l'original : Commandons au premier nôtre Huiffier ou Sergent de faire pour l'execution d'icelles tous actes requis & neceffaires, fans demander autre permiffion & nonobftant clameur de Haro, Charte Normande, & Lettres à ce contraires : Car tel eft nôtre plaifir. Donné à Paris le 8. Decembre l'an de grace 1718. & de nôtre Regne le 4e. Par le Roi en fon Confeil.

COBLET.

Regiftré fur le Reg. IV. de la Comm. des Libr & Impr. de Paris, p. 413. N. 448. conform. aux Reglem. &. notam. a l'Arreft du Confeil du 15 Aouft 1703. A Paris le 15. Dec. 1718. Delaulne, Syndic.

LES

nec
oculus
vidit
nec
auris
audivit

Les Tenebres eclatant du Divin
Amour

Veux tu *invincible* amour penetrer les
secrets
impenetrable de la foy les plus celestes
lumieres.

LES
MYSTERES
DE
L'AMOUR DIVIN.

LES TENEBRES ECLATANTES
du Divin Amour.

E n'eſt pas ſans raiſon,
mon Seigneur & mon Dieu
que vôtre ſaint Apôtre a
dit que le thrône de vôtre
lumiere étoit inacceſſible ; puiſque
pendant cette vie vous ne nous faites part de vos veritez & de vos myſteres que par l'entremiſe de la foy :
c'eſt-à-dire que par cette ſoumiſſion
d'eſprit & de cœur que vous nous

A

donnez & que nous rendons au témoignage de vôtre revelation & de
vôtre parole.

Cette foûmiſſion eſt comme le voile à la faveur du quel vous nous de-
couvrez ceque nôtre eſprit ne peut
comprendre, & le moyen par lequel
vous nous faites meriter cette vuë
claire & intuitive que vous promet-
tez de nous donner dans le ciel.

O que la foi conſiderée de la ſorte
eſt excellente & précieuſe! puiſque
par ce moyen nous devenons les
confidens des ſecrets de Dieu & les
prétendans à la viſion beatifique.

Mais comme l'amour de Dieu envers les hommes eſt le plus grand de
ſes myſteres, & le principe de tous
les autres myſteres, on peut dire auſſi que c'eſt à ſon égard que nous a-
vons un plus grand beſoin du ſecours
de la foy pour en concevoir les admirables effets. C'eſt ce que le peintre a tâché de repreſenter dans les
differens tableaux qu'il expoſe à nos
yeux.

Ces ingenieuſes peintures ſont comme des nuages ſacrezqui temperent l'éclat de ſes myſteres, afin de s'accommoder à la foibleſſe de nôtre eſprit, qui n'eſt pas encore capable d'en ſoûtenir les ſplendeurs & la majeſté.

C'eſt de cette foy, dont le divin amour forme cette nuit myſterieuſe dont parle le ſaint prophéte, qui eſt toute lumineuſe, toute delicieuſe ; & dont les tenebres, par le ſacrifice de nôtre raiſon, & la ſoûmiſſion de nôtre cœur, forment en nous le plus beau & le plus aimable des jours *pſal.* 138.

Iſaïe ne deſire rien tant que d'avoir commerce avec Dieu à la faveur de cette vertu incomparable ; parcequ'il en connoiſſoit la valeur & le merite, & qu'il trouvoit dans l'obſcurité de cette belle nuit, la lumiere & la conſolation de ſon ame.

Cette premiere image compoſée de nuages & de lumiere repreſente donc la foy, au moyen

A ij

de laquelle nous decouvrons ce que l'efprit ne peut comprendre ; & c'eft à la faveur de cette vertu qu'il nous faut entrer dans le fanctuaire du divin amour pour en connoître les merveilles.

Il n'étoit permis dans l'ancienne loi qu'au grand prêtre d'entrer dans le faint des faints, encore ce n'étoit qu'une fois par an : & il n'y falloit entrer qu'aprés avoir paffé par le voile qui feparoit du fanctuaire ce lieu facré ou le tabernacle étoit confervé ; & cette ceremonie fe pratiquoit ainfi pour deux raifons.

La premiere pour nous apprendre le refpect avec lequel on devoit entrer en ce lieu où Dieu rendoit fes oracles, & faifoit entendre fes volontez.

La feconde pour nous enfeigner que c'eft par la foy reprefentée par ce voile, que nous pouvons & devons nous difpofer à la connoiffance des myfteres de Dieu.

Cette verité étoit encore fi-
gurée par ces peaux qui couvroient
le tabernacle, & qui en cela ſelon
ſaint Jeroſme, n'avoit rien au dehors que de fort commun : mais
qui renfermoit au dedans l'arche
précieuſe, où étoient conſervez les
tables de la loi , la verge de Moyſe,
la manne du deſert & tout ceque
le peuple d'Iſraël avoit de plus ſacré.

C'eſt ainſi qu'au moyen de la
foy nous tâcherons de découvrir
ſous des ſymboles groſſiers les riches treſors du divin amour.

Arrêtez donc vos yeux , chers
amans de mon Dieu, ſur cette
premiere image, & apprenez à la
faveur de ces images la maniere de
connoître les beautez raviſſantes du
ſaint époux de vos ames. contem-
plez ces rayons vifs & perçans qui
brillent de toutes parts en ſortant
de ces nuës : & ſoyez perſuadez qu'à
meſure que vous avancerez dans
les voyes de la foy, vous pene-

trerez dans ces mysteres.

Venez donc, approchez tous de ce sanctuaire amoureux pour en admirer la magnificence. Venez apprendre que nôtre Dieu n'est point icy un Dieu de haine, mais un Dieu d'amour; un Dieu de rigueur, mais de tendresse; un Dieu d'absence, mais un Dieu de presence; enfin un Dieu tout occupé & tout penetré d'amour pour vous.

N'apprehendez pas d'entrer dans ce saint des saints autant de fois qu'il vous plaira, cette arche de grace ne renferme que des douceurs & que des benedictions, & il suffit de penetrer dans ce tabernacle de la nouvelle alliance par le voile de la foy pour y entendre les oracles du divin amour, & participer à ses faveurs.

Vocation du Divin Amour

Dieu frappe ceux qu'il aime et c'est par
les douleurs
Qu'il nous appelle a luy, qu'il épure
nos coeurs.

VOCATION
du Divin Amour.

LA vocation de Dieu dans l'ordre de nôtre salut, eſt la premiere preuve de ſon amour, le commencement de l'édifice ſpirituel qu'il ſe propoſe d'établir en nous, & la premiere grace dont il nous prévient pour nous retirer de nos engagemens dans le peché & nous attirer à lui

Elle eſt la premiere lumiere qui nous éclaire, la premiere voix qui nous appelle, le premier charme qui nous attire, le premier remede à nos maux ſpirituels, & l'heureux prejugé de nôtre éternel bonheur.

Elle doit être encore plus interieure qu'exterieure pour operer en nous ces bons effets. Sans elle nous nous oppoſons à cet édifice ſpirituel,

A iiij

nous refiftons à cette grace , & nous
fermons les yeux à cette lumiere ;
fans elle nous fommes fourds à fa
voix , infenfibles à fes charmes ,
& nous rejettons le remede à nos
maux.

Quel bonheur quand elle eft l'effet de l'amour de nôtre Dieu ! c'eft
alors qu'elle eft toute-puiffante, que
rien ne s'oppofe à fes attraits, & que
le cœur le plus docile ne veut plus
lui refifter , puifqu'elle le fait triompher lui-même de tout ce qui lui
paroiffoit le plus infurmontable à
fes inclinations & à fes engagemens.

La conduite que Dieu tient à cette
fin eft toute admirable, & comme il
veut fur toutes chofes ménager
nôtre liberté , il fe fert auffi de tout
ce qui eft capable de nous retirer
de nos paffions & de nos attache-
mens qui en font les obftacles ; foit
en nous prévenant de fes faveurs
les plus victorieufes, foit en nous
mortifiant par les difgraces les plus
améres.

C'est ainsi qu'étant ou gagnez par les douceurs de sa bonté, ou decouragez & comme rebutez par les plus tristes épreuves de sa justice, nous nous trouvons disposez à repondre plus volontiers aux desseins de sa charité dans l'œuvre de nôtre salut.

On peut remarquer icy que Dieu nous appelle a son service ordinairement par trois voyes differentes. La premiere par les inspirations interieures du S. Esprit qui, en nous penetrant de ses lumieres, nous porte en même tems par le charme de son amour à tout ce qui peut convenir au bonheur auquel il nous appelle.

La seconde voye est celle qui se fait par l'entremise de ses ministres, soit par leurs instructions publiques ou particulieres soit par leur bon exemple.

Et la troisiéme est celle des disgraces & des malheurs qui nous arrivent, qu'il permet, & dont il nous

éprouve, afin de nous rètirer de l'a-
mour & de la paſſion exceſſive que
nous avons pour les choſes du monde & nous porter á la recherche de
celles qui doivent nous procurer
nôtre vray & ſouverain bonheur.

C'eſt de cette derniere voye dont
il paroît vouloir ſe ſervirá l'égard de
nôtre jeune amante pour la retirer
de ſes paſſions,&.l'appeller à ſon ſervice.

Cette verité eſt repreſentée aſſez au
naturel dans nôtre emblême par le
vaiſſeau agité ſur cette mer & preſt
à couler à fond, dont la riche charge faiſoit toute l'eſperence de cette
deſolée ame,qui ſe trouve renverſée
par terre autant par le poids de ſes
inclinations que par la violence de
ſa douleur.

Le divin amour ſe ſert à propos de
cette diſgrace pour l'appeller à ſon
ſervice,en la retirant par cette in-
fortune de ſon trop grand attachement pour les biens de la terre, & au
milieu de ſon deſaſtre, il lui fait re-

marquer plusieurs choses capables de la surprendre & de lui donner de l'attention.

L'alcion dans cette tempeste luy annonce par son chant melodieux la joye & le calme dont jouïssent les serviteurs & les amans de Dieu dans leurs tribulations.

La bourse pleine de pieces d'or & d'argent qui paroît sur ces eaux, lui fait comprendre les richesses précieuses de la grace, dont le divin amour recompense ceux qui les recherchent & les preferent à celles de la terre, & la couronne exposé sur ces flots, l'exhorte à la victoire de ses passions & de ses convoitises.

La queüe du paon qui sort de ces ondes luy fait concevoir que quoy que la teste & le cou de l'orgueil, c'est-à-dire ce qui pouvoit servir d'occasion & de matiere à cette passion à son égard soient comme submergez par l'humiliation de cette disgrace, la queüe de ce vice lui doit cependant toûjours rester pour exercer son zéle, ou éprouver sa vertu.

Enfin le vaisseau qui est sur le pointde perir, signifie son ame qui alloit faire nauffrage par un honteux découragement ou un lâche desespoir, si le divin amour ne fut venu à son secours pour l'en preserver.

C'est dans ces circonstances d'accablement d'un côtè & d'esperance d'autre part que le divin amant appelle à son service ce cœur affligé, afin que comme la prosperité l'avoit renduë indifferente à ses inspirations & à ses recherches, l'adversité au contraire qui la penetre de douleur, l'engage & la presse de lui donner la main, c'est-à-dire le consentement de sa volonté qu'il lui demande, en même tems qu'il la retire de ses oppositions, de ses repugnances & de son état de foiblesse par le puissant secours de sa grace.

A voir cette amante, il semble qu'elle veüille encore deliberer sur le choix qu'elle doit faire, ou qu'elle

veüille encore refifter à la vocation
du divin amour, comme fi elle dou-
toit de fes promefles, ou qu'elle vou-
lût encore refter dans fes premieres
inclinations : mais enfin la ferieufe
reflexion qu'elle fe trouve obligée
de faire fur la fragilité & l'inconftance des chofes humaines, & la confiance que lui infpire le divin amour
tout occupé de fon bonheur, ne lui
permettent pas de fe rendre davantage infenfible à fes obligeantes promeffes. Elle en paroît toute atten-
drie, & ne plus foupirer qu'apres ces
biens qui lui font offerts, & qui doivent en même tems la rendre & plus
parfaite & plus heureufe.

C'eft dans ces favorables difpofi-
tions qu'il lui propofe la retraite
pour en mieux connoître le merite & la neceffité, ce qui lui eft
reprefenté par le monaftere, & par
cette agréable oifeau qui s'étant
elevé au haut d'un arbre lui annonce par ces petits airs boccagers
les plaifirs innocens de la vie fo-

litaire ou religieuſe.

Le divin amour ne ſe contente pas de l'exciter par ces premiers moyens à ſortir de ſon état d'indifference & d'abbatement, il la ſollicite & la preſſe encore de ne pas differer davantage, & il en uſe même à ſon égard comme en uſerent les anges à l'endroit de Loth qui differant toûjours à ſortir de la ville de Sodome, le prirent par la main pour l'en retirer parceque le Seigneur, dit le texte ſacré, vouloit lui pardonner & lui faire miſericorde. *Apprehenderunt manum ejus, eò quod pàrceret illi Dominus.*

C'eſt par ce dernier effet de ſa bonté que cette amante paroît entierement touchée, & comme celui qui eſt tombé par terre, dit Saint Auguſtin, ſe ſert ordinairement de cette meſme terre pour ſe relever. De même cette nouvelle amante en s'appuyant ſur la terre où elle ſe trouve renverſée, fait entendre pàr cette action, que comme l'ef-

perance & le trop grand amour
pour ces biens lui avoient caufé
ce decouragement & cette cheute ;
l'experience de fes miferes & de
la fragilité de ces mêmes biens
fervent auffi à l'en relever. *In quem-*
cumque locum quifquis ceciderit, ibi
debet incumbere ut refurgat. de Vef. Rel.
Chapitre 24.

Chrétiens, ames fidelles qui pouvez vous trouver dans le même
cas, apprenez par cet exemple
que ce que vous regardez ordinairement comme des difgraces & des
accablemens ne font fouvent que
des vifites falutaires du divin amour
& des moyens dont il fe fert pour
vous mieux faire entendre fa volonté, & vous éloigner de vos
paffions qui font les plus grands
obftacles à vôtre converfion ,
à vôtre perfection & à vôtre
falut.

C'eft donc en vous inftruifant
de cette verité & en évitant les
oppofitions & les refiftances que

vous apportez ſi ſouvent à la vocation du divin amour que vous
aurez part aux ſacrez commerces
auſquels ils daigne vous appeller
& dont nous tâcherons de décrire
les myſteres & les merveilles dans
la ſuite de nos explications.

Adoption du Divin Amour

Malgré notre neant, malgré notre mi:
sere,
Dieu même nous adopte et se dit notre
pere

ADOPTION
du Divin amour.

L E verbe divin dans ſa genera-tion éternelle eſt le fils de Dieu par nature & d'une maniere neceſ-ſaire, & ce même verbe dans ſa ge-neration temporelle, & en qualité d'homme eſt auſſi le même fils de Dieu par nature, mais d'une ma-niere libre & toute gratuite.

C'eſt ſur cette temporelle filiation du verbe qu'eſt fondé la filiation a-doptive des enfans de Dieu à l'égard des Chrétiens ; l'une & l'autre dit S. Auguſtin, ayant leur fondement dans ſon amour tout liberal & gra-tuit.

L'Apôtre S. Paul nous enſeigne cette verité dans ſon épître aux E-pheſiens lorſqu'il leur dit, qu'ils ont été predeſtinez pour eſtre rendus ſes enfans adoptifs par Jeſus-Chriſt que Dieu, dit l'apôtre S. Jean à donné aux hommes par un excés de ſon amour. *Sic Deus dilexit mundum.* &c. chap. 3.

C'eſt le S. eſprit, l'amour perſonnel dans l'adorable trinité, qui eſt le miniſtre de cette merveille. Ce divin eſprit qui eſt ſterile dans le ſein de la divinité, quoique d'une ſterilité auſſi adorable, qu'eſt la fecondité des deux autres perſonnes divines, devient admirablement fécond au dehors & dans le tems par ſa charité, en produiſant tous les prodiges de grace qui ont paru juſques à preſent & qu'il doit operer juſques à la fin des ſiecles ſelon les deſſeins de ſa bonté & de ſa miſericorde.

Cette fecondité a eclaté principalement dans le ſein de la ſainte vierge par la conception temporelle du fils unique de Dieu, à qui ce divin eſprit donne un nouvel eſtre, en le rendant le chef de tout ſon corps myſtique. Et elle continue dans le

ſein de l'égliſe en élevant les fidels
par le baptême à la qualité d'enfans
de Dieu , & les rendans par ce
moyen freres & coheritiers de Jeſus-Chriſt.

Ce qui fait dire à S. Auguſtin, que
la meſme grace à proportion , qui
a fait naiſtre le fils unique de Dieu
dans le ſein de la bienheureuſe
Marie, fait renaître les enfans adoptifs de Dieu dans le ſacrement du
bapteſme , *eodem ſpiritu iſti renati , de
quo ille natus.* de præd. Chap. 15.

Ouy ô mon Dieu ! vous ne vous
contentez pas d'engendrer dans
vôtre éternité , & dans les ſplendeurs de vôtre fecondité interieure , vôtre fils qui vous eſt égale
& qui termine glorieuſement toute
la production & toute la fecondité
de vôtre entendement, vous voulez
encore par un effet de vôtre immenſe & inépuiſable charité , que ce
même fils prenne un nouvel eſtre
dans le ſein d'une vierge ; & vous
daignez en même tems nous adop-

ter pour vos enfans , afin d'étendre au dehors vôtre fecondité de
grace.

C'eſt ce que l'Apôtre Saint Paul
nous fait entendre, lorſqu'il dit que
nous n'avons pas receu dans le baptême l'eſprit de crainte & de ſervitude ; mais celui de l'adoption des
enfans , par lequel nous pouvons
apeller Dieu , nôtre Pere.

Cette merveille eſt agréable-
ment repreſentée dans cette image. L'amour divin aprés avoir conduit la jeune Amante pour être re-
generée dans le ſein de l'Egliſe,dont
le temple élevé ſur cette montagne
eſt la figure, l'offre au divin Sauveur
qui la reçoit au nombre des enfans
de Dieu ; & qui la reconnoiſſant lui-
même au nombre de ſes freres, lui
fait comprendre, en lui ouvrant ſes
bras & ſon cœur, la part qu'elle a
dans ſa filiation temporelle, & celle
qu'elle doit avoir avec lui dans
l'heritage du ciel , ſi elle a ſoin de
conſerver la grace de ſon adoption.

C'eſt ce que la jeune Amante lui proteſte, qu'elle tâchera de faire par ſa poſture reſpectueuſe, & par les démonſtrations de ſon obéïſ-fance en gardant les vœux & les engagemens de ſon baptême.

Prenez garde vous tous qui con-ſiderez ce ſpectacle d'amour, de perdre par le peché cette grace précieuſe, & de retourner dans l'eſclavage du démon, aprés avoir receu l'honneur de l'adoption des enfans de Dieu.

Souvenez-vous que le même a-mour qui vous a choiſi & diſtingué par la grace du baptême de tant d'autres qui ſont abandonnés dans la corruption de leur premiere naiſſance, vous oblige auſſi à vivre & à vous conduire ſelon l'excel-lence & la dignité de vôtre rege-neration, & à vous attacher invio-lablement aux loix de vôtre divin Pere, que vous avez juré de gar-der par des promeſſes ſi ſolem-nelles.

Si donc vous avez eû le malheur de décheoir de ce glorieux état en fouillant par le peché mortel la pureté de l'innocence baptif-male : ne differez pas de laver cet-te tache , & d'expier cette faute énorme par la penitence , qui eft le feul remede à un fi grand mal.

Nous avons , ô divin amour ! un continuel befoin de vôtre com-paffion & de vôtre charité dans l'état de foibleffe où nous fommes reduits par le peché : ne nous la refufez pas , puifque fi vous êtes le principal auteur de la grace de nôtre adoption par le baptême , vous êtes encore le principe de la grace de nôtre reconciliation par la penitence.

Droiture du Divin Amour

Rien n'arreste le coeur qu'enflame un
Saint amour,
Vers le Dieu qu'il adore il vôle nuit et
jour.

4

DROITURE
du Divin Amour,

L'Homme eſt fait pour Dieu, ſon amour eſt dans la droiture, lorſqu'il tend & qu'il s'attache à ce ſouverain principe de toute perfeЄion. Il eſt au contraire dans le déreglement, lorſqu'il panche, qu'il ſe tourne & qu'il s'attache à la creature.

Il ſe trouve dans ce deſordre par le peché, & la grace le fait rentrer dans l'ordre en lui faiſant changer d'objet. Cette Amante nous fait entendre qu'elle a bien compris cette verité par le ſoin qu'elle ſe donne, de concert avec le divin amour, à regler ſon cœur par le plom d'une prudence toute chrétienne, & par la droiture de ſes intentions.

Qu'une ame eſt heureuſe ! quand cet amour regne dans ſon cœur; c'eſt-à-dire lorſque cet amour eſt le

principal amour qui l'anime , qui
l'occupe & qui la fait agir : elle jouit
en cet état d'une paix profonde , &
d'une tranquilité parfaite Cette heureuſe diſpoſition la rend capable, dit
S. Jean Climaque, des plus hautes &
des plus pures lumieres de la Foy ;
elle entre par ce moyen dans les
voyes les plus intimes de la grace,
& elle comprend avec une étenduë
merveilleuſe les conſequences de la
loi de Dieu & de ſes obligations.

Tous ces efféts ſont repreſentés
dans cette image par l'agréable
contenance de cette Amante, & par
ce ſoleil , qui diſſipant tous les nuages qui s'oppoſoient à l'épanche-
ment des ſes lumieres , ſe plaît à
faire briller ſes rayons ſur la terre
pour en bannir les moindres obſcu-
ritez.

Ames Chrétiennes , pour avoir
cette droiture & être éclairées de
ces lumieres, il faut n'avoir qu'un
amour, qu'un objet & qu'une fin
principale, à laquelle vous raportiez
actuellement ou virtuellement tout
ce

ce que vous pourriez legitimement
defirer & rechercher dans l'ufage
des créatures : d'où il arrive que le
cœur qui n'eft point dans cette dif-
pofition , ou qui eft partagé n'eft
jamais content , les paffions le trou-
blent , la multiplicité des objets
l'embaraffe , le divife & le déchire
fans luy laiffer aucun repos.

Quand donc le divin amour a é-
tabli une ame dans cette droiture &
dans ce précieux équilibre ; il n'a
plus befoin de bander fon arc , ny
de lancer fes fléches pour combattre & triompher de fon cœur. Tout
fon office eft de l'accompagner & de
la foûtenir dans la contemplation
amoureufe de fa verité & de fa juftice , dont elle fe doit propofer les regles dans tous les évenemens & dans
toutes les circonftances de fa vie.

C'eft ce qui doit nous faire conclure qu'il n'y a rien de fi opofé au
divin amour, & à nôtre avancement
fpirituel, que le défaut de cette droiture. En effet un cœur qui n'eft pas
droit, qui n'agit pas avec fimplicité

B

& sincerité dans le service de Dieu
& dans la conduite de ses mœurs,
n'est proprement occupé que de ses
propres interests : sa prudence est
toute charnelle : il semble que Dieu
ne lui convienne pas ; aussi Dieu ne
le sçauroit souffrir, & il le reprouve
de son cœur, selon le Sage.

Dieu, dit S. Bernard, a créé
l'homme droit selon le corps& selon
l'ame, & il etoit en cet état tout a-
gréable à son Auteur ; parce que
cette droiture faisoit également son
innocence & sa beauté. Depuis le
peché ce même homme est resté
droit selon le corps, & courbé selon le cœur, cette difference cau-
sant en lui une difformité que Dieu
ne sçauroit supporter.

En effet qu'y a-t-il de plus diffor-
me & de plus insuportable que de
porter dans un corps droit, une ame
courbée vers la terre ? que ce corps
ou cette ame est renfermé, toute
terre qu'il soit, ait toûjours les yeux
en haut, qu'il regarde librement le
ciel ; & qu'il trouve son plaisir à con-

siderer les astres qui y brillent, tandisque son ame toute spirituelle porte en bas ses pensées, & n'a que des sentimens terrestres & grossiers.

.Que tandis, continuë ce devot pere, que son corps est vêtu de pourpre, & orné de perles & de diamans, son ame se veautre dans la bouë, & embrasse l'ordure & le fumier, & c'est aussi ce renversement monstrueux qui le rend insuportable au divin amour & l'objet de son mépris.

Il n'en est pas de même d'un cœur qui est droit, d'un cœur qui se conduit dans la simplicité & dans la droiture, qui aime Dieu & sa justice sur toute chose, qui cherche à lui plaire en tout, dont les interests lui sont plus chers que les siens propres, & qui bannit de son cœur la vanité & le respect humain.

Ceux de ce caractère sont les vrais amis de Dieu, ils vivent avec lui, ils le consultent en toutes choses ils n'agissent que par son impression, ils ne cherchent qu'à lui plaire & à se conformer à ses volontez. Dieu aussi de

fon côté ne s'occupe qu'à les éclairer, qu'à les conduire, qu'à les perfectionner, & qu'à leur faire goûter. dans ces doux raports, .& dans
cette confiance, fincere & cordiale,
une paix & un repos de confcience
qui ne fe peut exprimer.

Ah! tâchez, ames fidelles, tâchez
à l'exemple de cette Amante à vous
occuper de l'excellence de cette
vertu, tâchez à vous y établir de
plus en plus, en éloignant de vôtre
cœur la partialité, la duplicité, le
déguifement & le menfonge, vices
incompatibles avec le divin amour
& la religion ; vous fouvenant felon
le fage, que Dieu a en horreur ceux
qui ont le cœur double, & qu'il les
menace de les accabler d'amertume, de confufion & de malediction. *Va duplici corde,*

Au lieu que ceux qui ont le cœur
droit feront cheris de Dieu, com-
blés de joye, de benediction & de
gloire. *Et gloriabuntur omnes recti corde,*

Perpétuité du Divin Amour.

L'ame qui pour Dieu seul soupire
nuit et jour,
Possedera sans fin l'objet de son amour.

PERPETUITE'
du Divin Amour.

L'INCONSTANCE ou la ſtabilité de nôtre amour, vient de
nous mêmes ou de la part de l'objet.
L'amour que nous avons pour la
creature eſt inconſtant, parce qu'é-
tant elle-même fragile & imparfaite,
ſa jouïſſance ne peut toûjours ſatisfaire également ; & elle devient par
là un objet de mépris & d'averſion,
aprés avoir été celui de nôtre eſtime & de nôtre amour,

L'amour que nous avons pour Dieu
devroit au contraire toûjours durer
& être le nïême ; parce que Dieu é-
tant immuable dans ſon être, & infini dans ſes perfections, il poſſede
par ce moyen toûjours de quoi nous
contenter également & nous rendre
heureux: de ſorte que s'il y a quelque
changement à craindre à l'égard de
cet amour, il ne peut venir de la

part de ce divin objet, mais feulement du côté de nôtre cœur, qui
principalement depuis le peché, fe
détourne & fe détache à tout moment de l'Etre incrée, & du principe
de toute perfection, pour fe préci-
piter & s'enfoncer dans l'abyfme
de fon premier neant.

C'eft une chofe digne d'étonnement, & le fujet d'une profonde humiliation, que l'homme qui aime
tant la beatitude, foit cependant fi
indifferent, & fujet à une fi grande
mutabilité dans fon amour à l'é-
gard de Dieu même, hors duquel
il ne peut trouver que la mifere, &
que ce qui le peut rendre malheureux, & ce qui éft encore de plus
furprenant, c'eft que cette foibleffe,
ou cette injuftice vient encore moins
de fon efprit que de fon cœur, qui
d'ailleurs a tant de panchant pour
le fouverain bien.

L'Amante reprefentée dans cette
image a bien d'autres fentimens, &
tient une conduite bien differente
envers fon Dieu & fon divin amant.

Son cœur eſt tellement dévoué &
déterminé en ſa faveur, & elle eſt
tellement occupée & penetrée de
ſes perfections & de ſon amour,
qu'elle lui jure une fidelité inviolable dans tout ce qui ſera capable
de luy plaire.

Elle entre à cet effet dans cette
figure ovale, fermée de tous côtés,
pour lui marquer un attachement
éternel ; & que ſi ſon amour a eu
quelque commencement, il eſt devenu par ſa grace pour lui un amour
ſans fin.

Ne vous étonnez pas ſi le lieu
de leur engagement, ou ſi cette figure ovale eſt compoſée d'un ſer-
pent ; puiſque ce n'eſt que pour
nous faire comprendre que cette
Amante, nonobſtant ſa genereuſe
reſolution, ne doit pas laiſſer que
de ſe ſervir de toute la prudence
qui lui eſt recommandée par ſon
divin Maître, afin de ne rien faire
dans cette glorieuſe alliance qui
puiſſe alterer ou offenſer la fidelité
de ſon amour.

C'eſt auſſi ce qui porte ſon di-vin Amant à lui promettre de ſa part une continuelle protection. Il lui en fait la démonſtration en lui prenant la main ponr l'en aſſürer davantage, & la guirlande de per-les qui le couronne eſt un témoi-gnage aütentique que ſon amour pour elle ſera éternel.

O quelle faveur, quand il plaît à Dieu de nous aimer juſqu'à ce point, & de nous aimer d'un amour qui ne doit jamais finir ! Cet amour eſt ſans doute le principe & le fon-dement de toutes les graces que nous en pouvons attendre. Je vous ai aimé, dit le Seigneur, d'un amour éternel, & cet amour pour vous ſe-ra la ſource de mes miſericordes, de mes tendreſſes & de vôtre bon-heur. *Perpetuâ charitate dilexi te , ideò attraxi te , miſerans.* Jerem. 3.

Qu'une ame eſt heureuſe, quand il plaît à Dieu de lui faire préſſentir qu'elle y a quelque part. Que cette faveur eſt ſinguliere, que cette con-deſcendance eſt charitable & obli-

geante , & que le fentiment qu'il
nous en infpire caufe de confolation & de paix à un cœur qui veut
aimer , & qui ne defire rien tant,
que d'en être ainfi aimé !

Soûpirez, ames Chrétiennes, fou.
pirez aprés ce bienheureux amour
de vôtre Dieu. O de quel prix eft
cet amour vraiment liberal & gra-
tuit, & de quel bonheur ne fera-
t-il point fuivi , puifqu'il eft dans
le tems la fource de toutes les graces, & dans l'éternité le vrai principe de la gloire des Saints !

Mais fouvenez-vous en même
tems , que fi vous ne pouvez pas
avoir une entiere certitude d'y a-
voir part , que c'eft toûjours un
grand malheur à une ame de ne le
pas defirer , & de n'y pas répondre.
Servez-vous donc de tout ce que
la prudence Chrétienne vous pref-
crit & demande de vôtre zele, de
vôtre attention & de vôtre fidelité ; afin de ne pas vous en rendre
indigne , autant qu'il eft en vous,
quand même ce ne feroit que

pour quelques momens.

C'eſt ainſi qu'en faiſant honneur à cette charité précieuſe, préve-nante & toute gratuite de nôtre Dieu, vous meriterez juſtement le glorieux titre d'une Amante fidelle. Demandez - luy qu'il mette lui-même le ſceau de ſon amour ſur vôtre cœur, comme ſur un fond qui lui appartient, pour en fermer l'entrée à toutes les creatures qui voudroient, ou qui tâcheroient à le luy diſputer. Dites avec l'E-pouſe du Cantique & dans les mê-mes ſentimens de confiance & d'a-mour, que rien ne vous ſera plus précieux que ce ſceau ſacré, & que c'eſt avec un plaiſir extrême que vous en recevrez toûjours l'au-guſte empreinte dans vôtre cœur, que vous conſacrez à ſon amour. *Pone me ut ſignaculum ſuper cor tuum.*

Impression du Divin Amour

Le feu du saint amour peut seul nous
éclairer,
Et qui marche sans lui, ne fait que s'égarer.

IMPRESSION
du Divin Amour.

DANS l'état d'innocence l'esprit étoit la lumiere du cœur, parce que dans cet état, le cœur n'étant point prévenu par les passions, ny corrompu par l'amour déreglé des biens sensibles & temporels, l'entendement jouissoit d'un calme & d'une liberté qui rendoit ce même-esprit capable de cette excellente operation.

Mais depuis le peché du premier homme l'ordre a été changé. C'est l'amour du cœur qui fait la lumiere oules tenebres de l'esprit. Si c'est l'amour de Dieu qui regne en lui, l'esprit est éclairé d'une lumiere toute divine, qui lui fait voir toutes choses avec une penetration, & un discernement plein de sagesse & de justice.

B v j

Si au contraire c'eſt l'amour de la creature qui domine en lui, ce même eſprit eſt dans la confuſion & dans l'aveuglement ; le menſonge lui plaît, & il ne juge plus des choſes que ſelon les paſſions qui le préviennent ou dont il eſt déja devenu l'eſclave dans ſes jugemens pratiques.

Admirez dans cette image l'office du divin amour, & les ſentimens de ſa chere Amante ! que de lumiere & de feux procedent de cet amour ! Il devient à cette Amante un ſoleil mille fois plus lumineux & plus ardent que n'eſt le ſoleil à l'égard de la terre dans ſa plus grande ſerenité & dans ſes plus beaux jours.

Ce Soleil naiſſant au haut de cette montagne, qui, diſſipant les tenebres de la nuit, réjouit toute la nature, & découvre toutes ſes beautez à nos yeux, n'eſt rien en comparaiſon des lumieres, des conſolations & des douceurs que le divin amour imprime & répand dans une ame, qu'il veut honorer de ſes viſites.

C'eſt en cet état, & toute penetrée de ſes faveurs, qu'elle luy
témoigne, ainſi que fait noſtre
Amante, les tranſports de ſa joye
par ſa contenance & ſes raviſſe-
mens, & qu'elle exprime dans ſes
bienheureuſes viſites à ſon divin
amant, en ſe donnant de mutuelles
aſſeurances, les tendreſſes intimes
& inexplicables de ſon cœur.

O vous qui n'aimez que le monde, qui ne cherchez que ſes entretiens, & à qui rien ne plaît &
n'eſt ſenſible, que ce qui peut flater l'imagination, les ſens & les
paſſions, que vous êtes éloignés
des ſentimens de cette Amante
dans les viſites du celeſte Epoux !

Ne vous laiſſerez - vous jamais
toucher aux impreſſions de ſon
amour? Quoy donc des aſtres ſans
vie, une bagatelle, une chetive
créature font tant d'impreſſion ſur
vos temperamens, & ſur vos inclinations; & le Créateur de ces
mêmes aſtres, le ſouverain bien

& l'auteur de la vie ; en fera ſi peu
ſur vos cœurs !

Souvenez - vous de cette lumiere & de cet amour que vous avez
receuë dans vôtre création par ce
ſoufle divin, qui vous a fait homme & l'image de Dieu !

Souvenez-vous encore de cette
maſſe d'argile, laquelle toute groſ-
ſiere & inſenſible qu'elle fût, ſe
rendit neanmoins docile à la bonté du Créateur : tandis que vos
cœurs ſi pleins de vie, ſont ſi op-
poſés aux impreſſions de ſes lumieres & de ſa tendreſſe !

C'eſt l'état où ſe trouva autre-
fois la Sulamite, qui cherchant
dans les créatures de vaines conſolations, fut avertie de revenir à
ſon bien aimé, en revenant à ſon
cœur, où il l'attendoit pour l'honorer des ſes viſites, & de la douceur de ſes regards. *Revertere, revertere, Sulamitis, ut intueamur te.*

L'Amante repreſentée dans nôtre
image ne demande pas que ſon divin amant lui parle, ainſi que le

demandoit l'Epoufe du Cantique :
elle fe contente du feul regard de
fon bien aimé , dont l'impreffion
diffipe en un moment le phantôme des créatures , & met fon ame
dans un état de confolation &
de paix : de ce regard , dis-je ,
aprés lequel les-Saints-Patriarches
& les Prophetes ont tant foûpiré
dans l'attente de ce bonheur, dont
les traits doux & penetrans tire-
rent du cœur de Pierre , & tirent
encore tous les jours du cœur
des autres penitens, tant de larmes & de fanglots.

Elle fe contente enfin de ces
vifites interieures qui fe font en l'a-
me par l'impreffion d'une foy vive
& animée , qui feule peut éclairer
le cœur & le remplir de joye & de
force.

C'eft à quoy Saint Bernard ex-
hortoit fes Religieux , qui, témoi-
gnans trop d'empreffement & de
confiance pour les entretiens des
hommes, cherchoient plutoft l'ornement de leurs paroles , que la

lumiere de la verité, en s'occupant davantage à contenter leur curiosité qu'à édifier leur pieté. *Magis quærentes sonum auris, quàm lumen cordis.*

C'est aussi, ames fidelles, ce que vous devez éviter, si vous voulez vous rendre dignes des visites du Saint Epoux. Il ne se communiquera à vous qu'à proportion que vous éviterez les visites & les discours superflus des créatures, qui ne peuvent servir qu'à vous distraire de la presence de ce divin objet, & qu'à l'éloigner de vostre cœur, par des épanchemens injurieux à son amour.

Liberalité du Divin Amour.

La grandeur de tes dons, seigneur,
doit nous charmer;
Que l'homme cependant à depeine à
t'aimer.

LIBERALITÉ
du Divin Amour.

IL n'y a veritablement que le divin amour qui recompenſe & ſoit liberal envers ſes amans. L'amour prophane promet ce qu'il ne peut donner. Il eſt pauvre à l'égard du cœur humain, qui étant capable de poſſeder le ſouverain bien, & ayant été créé à cet effet, ne peut être content hors de ce bienheureux centre.

En effet que peut lui procurer la cupidité ? quelque leger plaiſir, à l'occaſion de quelque créature, dont l'injuſte jouïſſance eſt courte & ſuivie d'amertume ? Mais que peut ne pas donner au contraire l'amour divin, puiſqu'il eſt lui-même le ſouverain bien, & la ſource de tous les autres biens ?

O qu'il eſt avantageux de prendre le parti de cet amour, & que l'homme eſt aveugle & inſenſible, lorſqu'il differe ou qu'il refuſe de s'y attacher!

L'amour divin eſt donc le ſeul amour qui récompenſe, & qui peut recompenſer avec liberalité ſes a-mans : que dis-je, il eſt le ſeul qui peut vouloir lui-même ſe donner pour récompenſe. Il s'en explique d'une maniere bien claire & bien tendre à l'un de ſes plus fideles ſer-viteurs, qui ayant tout quitté pour ſon amour, je parle de l'incompa-rable Abrabam, fut honoré & con-ſolé de cette heureuſe promeſſe de l'avoir pour récompenſe : *Ero mer-ces tua magna nimis.*

Aprés cela peut-on ne pas être content ? & peut-on trouver un cœur aſſez avare, ou aſſez injuſte, pour s'imaginer que Dieu peut ne pas luy ſuffire ?

Prenez-y garde, ames Chrétien-nes, peut-être que vous qui liſez cecy êtes dans le cas ; c'eſt-à-dire que vous cherchez avec amour & attachement quelque choſe avec

Dieu, à fon préjudice, ou au-
delà de cet Eftre infini. Eh ! que
pouvez-vous trouver qui lui-foit
comparable, qui merite vôtre preference, ou qui puiffe fe trouver
au-delà, finon le neant ou une mifere extrême & fans mefure, c'eft
le terme où doit naturellement a-
boutir une-telle prétention.

Ouvrez-donc les yeux à la lumiere qui vous découvre ces trefors de grace & de gloire, dont
le divin amour doit enrichir fes a-
mans, en les fermant à ces faux
brillans des créatures, qui ne peuvent vous conduire qu'à la mifere.

Ouvrez vos cœurs à ces biens ve-
ritables & folides qui doivent plei-
ñement vous rendre contens, en
les fermant à tous les charmes trompeurs & féduifans de ces créatures
& de ces objets, qui ne peuvent que
vous mettre dans un état de mort
en vous feparant du divin amour.

C'eft l'état ou s'étoit-trouvée la
jeune Amante, reprefentée dans
cette image. Le divin amour en a

fait sa conquête , & aprés l'avoir
retiré de ses engagemens dans le
siecle, où elle avoit mis son cœur
& ses esperances, toute confuse de
ses égaremens, elle s'en humilie en
sa presence, & donnant toute son
attention à ses riches promesses ;
elle s'engage volontiers, & de cœur
dans tout ce qui sera necessaire pour
les pouvoir meriter.

C'est dans ces humbles & genereux
sentimens de son ame, qu'elle attire cet Ange du ciel, qui lui annonce
également par cette branche d'o-
livier & sa reconciliation avec Dieu,
& les combats qu'elle aura à soûtenir pour se rendre digne des récompenses qui lui sont promises.

Le ciel semble déja s'entr'ouvrir
pour lui en faire entrevoir les beautez; & les lumieres qui sortent de ces
nuës obscures, ne brillent à ses yeux
que pour dissiper ses ennuis, & la
relever de son abjection.

Tant il est vrai que l'état le plus
asseuré pour gagner l'amitié de
Dieu, & meriter les récompenses

éternelles eſt celui de l'humilité
& de l'abjection par laquelle nous
reconnoiſſons devant Dieu nôtre
dépendance, en faiſant honneur à
ſa grace, qui eſt le principe de
tout merite. Et c'eſt pour nous le
faire entendre que JESUS-CHRIST
nôtre Divin Maître a dit que les
ſuperbes feront humiliés & que les
humbles feront élevés.

Ce n'eſt pas aſſez, le divin amour
qui ne met point de bornes à ſes
liberalités ne ſe contente pas de
ces biens futurs qu'il leur promet;
dès cette vie il les comble de graces & de biens. Cette verité eſt repreſentée par ces hommes qui portent des grains, & toutes ſortes de
richeſſes dans les greniers de cette
tour, qui ſignifie le cœur de ſes
amans qu'il nourrit du froment
des Eleus & du pain des Anges
dès cette vie par un empreſſement & une tendreſſe dignes de ſon
amour.

C'eſt-ainſi, ames devotes, que
vous attirerez en vous l'abondance

des benedictions celeftes., fi vous
joignez à l'amour du S. Epoux, une
profonde humilité; puifqu'il eft dit
que Dieu refufe tout aux fuperbes,
aux ingrats & aux amateurs d'eux
mêmes, & qu'il accorde tout aux
humbles de cœur, à ceux qui re-
connoiffent fes bienfaits, & qui
n'ont point d'autre amour que celui de fa gloire.

Ouy, il accorde tout aux humbles de ce caractere; il leur accorde tous fes foins, toute fon attention, tout fon cœur, & tout fon a-
mour; parce que l'humble de cœur
accorde luy-même tout à Dieu, jufqu'à s'anéantir en luy & pour luy,
fans reffource & pour toûjours.

C'eft ce que le faint Prophete
pratiquoit lui-même, lorfqu'il témoigne à Dieu & qu'il reconnoît
que fa fubftance, c'eft-à-dire ce qui
eft en luy de plus réel, de plus ef-
fentiel, de plus cher & de plus précieux, comme fon eftre, fes puiffances, fa liberté & fes vertus, ne font en
fa prefence que des neans, *tanquam
nihilum.*

Ecole du Divin Amour.

Par d'aimables leçons l'Amour saint
nous instruit;
Trop heureux le mortel qu'un tel maitre
conduit.

8

ECOLE

DU DIVIN AMOUR.

L'Homme se conduit telle-ment par amour, & l'amour a tant de poids & d'autorité sur luy, que l'on peut dire que c'est le seul maître qui soit de son goût, & pour lequel il ait une entiere dé-ference.

Cette verité est si incontestable par elle-même, & si sensible par l'experience, qu'elle n'a pas besoin de preuves.

Quelle obéïssance ne rend pas un cœur mondain aux sentimens de l'amour prophane, quand il en est possedé ; il est tout à cet amour, il en est l'esclave & la victime.

L'amour divin a ses disciples aussi bien que l'amour prophane. Son école est l'Eglise, & il faut y être engagé, la consulter, & l'écouter avec docilité & une entiere défe-

rence & foûmiffion de cœur, pour
en être éclairé.

Dieu a inftruit les hommes en
diverfes manieres & fous des qua-
lités bien differentes. Dans la Loy
de nature, il leur a enfeigné la grandeur de fa puiffance , de fa fageffe &
de fa providence par la production
de l'Univers , par la fubordination
& l'ordre admirable des créatures
qui le compofent., & par l'abondance des biens temporels dont il les
a pourveues.

Dans la Loy écrite il leur a appris par le miniftere des Prophetes
le defordre de leurs paffions , en
condamnant les vices , & quelle
doit être leur fainteté, en leur faifant publier fes ordonnances, & en
leur prefcrivant les regles de fa
juftice & de leur perfection felon
leurs differens états.

Il les a encore inftruits par fon
fils, & ce qui leur a enfeigné s'appelle Evangile. C'eft-à-dire la vraie
fageffe & l'ordre du vrai amour.
Tous les faints livres qui le compofent

fent fe terminant à la charité & au divin amour, qui en eft la plenitude & la perfection.

De forte que ce qui eft écrit n'eft à proprement parler que les fignes & les marques exterieures de la verité, de la juftice & de la fain-teté qui doivent regner en nous, & ne fervent qu'à nous avertir de ce que nous devons avoir, ou de ce que nous avons déja dans nos cœurs par l'amour & l'onction du S. Efprit qui eft le vrai Miniftre de la Loy nouvelle.

C'eft cette onction ou cet amour qui nous rend leger & doux, le joug de la Loy écrite qui nous fait goûter les confeils évangeli-ques, comme d'excellens moyens pour en pouvoir pratiquer plus vo-lontiers & plus facilement les pre-ceptes & les commandemens.

Un avare qui aime les richeffes compte pour rien toutes les peines qu'il fe donne pour les acquerir. Un Chrétien auffi qui aime la ju-ftice fincerement, & avec une ple-

nitude de volonté, fait fans peine
tout ce qui regarde les obligations
de cette vertu, & il en eft de même de toutes les autres.

O que cet amour a de force
pour defarmer un cœur rebelle aux
loix de nôtre Souverain Maître ;
la nature, les paffions, le charme
des créatures, la prudence humaine, les inclinations & les repugnances de la chair, font dans le
refpect, dans le filence, & comme
aneantis en prefence de cet oracle
amoureux, lorfqu'il parle à une ame
qui l'écoute, & qu'il la fait triompher de tous ces obftacles.

Voyez, je vous prie, celui qui
prefide dans cette Ecole. C'eft le
divin amour qui eft encore plus
dans le cœur de fa petite écoliere,
qu'il n'eft dans ce trône pour y faire
des leçons d'amour, & pour y exercer une autorité toute amoureufe.

Les menaces & la crainte des
peines en font bannies, fa parole eft
plus efficace que les glaives, & plus
penetrante que les fléches. Il laiffe

tomber derriere luy fon arc & fon carquoy, pour nous faire comprendre que les charmes de fa verité, font les feules armes dont il entend & veut fe fervir pour triompher de nos cœurs.

La pofture d'écoliere que tient cette Amante fait connoître fon amour pour s'inftruire des veritez de fa Religion, & la docilité de fon efprit. Le livre & la plume dont elle fe fert reprefentent l'attention & le foin qu'elle fe donne pour retenir & graver en fon cœur les grandes maximes que luy enfeigne fon cher Maître pour la conduite de fes mœurs, & le cube fur lequel elle eft affife ; fon attachement à fa doctrine, qu'elle fe propofe de fuivre & de défendre avec tout le zele & toute la conftance de fon amour.

Inftruifez-nous donc, ô Verbe Divin, vous qui êtes la Sageffe éternelle de vôtre Pere, & le maître veritable des Anges & des hommes. Vous, dis-je, qui avez vôtre chaire

& vôtre trône dans le Ciel , d'où vous enseignez & éclairez tous les cœurs. Eclairez nôtre raison par la lumiere de vôtre Sagesse. Conduisez nos affections par l'a‑mour de vos preceptes. Fixeznô‑tre inconstance dans l'ordre im‑muable de vôtre Justice : ani‑mez nôtre courage dans la prati‑que de vos conseils ; afin que cette intelligence amoureuse de vos sain‑tes maximes , devienne en nous l'heureux principe de nôtre obéis‑sance , & de nôtre perfection.

e monde m'offre en vain sa pompe :
avec son Or :
Ie n'aime que mon Dieu, lui seul est
mon tresor.

TRE'SOR
du Divin Amour.

L'AMOUR DIVIN eſt un riche treſor, parce qu'il eſt le ſouverain bien, & qu'il eſt ſeul capable de nous enrichir de tous les autres biens ; mais ce treſor eſt caché aux amateurs du ſiecle, qui ne cherchent leur bonheur que dans les créatures & les biens temporels, où il ne peut ſe trouver.

Depuis le peché nous ſommes devenus ſi charnels que nous ne reconnoiſſons preſque point d'autres biens que ceux qui peuvent contenter nos ſens & nos paſſions. C'eſt ce qui fait que nous ſommes occupés, & que nous tenons à tant de choſes que nous deſirons, & que nous courons avec empreſſement aprés tant de ſortes

d'objets, dans le deſſein de trouver dans leur jouïſſance dequoy
nous ſatisfaire.

Mais comme nous ſommes aveugles & injuſtes dans le choix que
nous en faiſons, il arrive que nous
eſtimons toûjours ce que nous n'a-
vons pas, & que nous nous dé-
goûtons ſouvent de ce que nous
poſſedons, de ſorte que le repen-
tir ſuccede à nos vœux, le découragement à nos pourſuites, &
nous rencontrons toûjours la douleur & la miſere, où nous eſpé-
rions trouver le plaiſir & la felicité.

Nous éprouvons helas ! que
trop ſouvent ces triſtes mécontes
de la part des créatures, & neanmoins cette experience ne nous
deſabuſe pas de leur vanité, &
ne nous rebute pas de l'amour paſ-
ſionné que nous avons pour elles.

Que leur charme eſt donc puiſ-
ſant, ou que nôtre foibleſſe eſt
grande, puiſque malgré leur indigence & leur fragilité nous en

defirons avec tant d'ardeur la poffeffion , & que nous fentons tant
de peine à les quitter quand nous
les poffedons.

Ah ! dit Saint Auguftin , fi elles étoient fans inconftance & fans
amertume , avec quelle paffion ne
s'y attacheroit - on pas ? Et ne
peut-on pas dire que l'homme fur
la terre fe contentant de leur jouïf-
fance , ne penferoit plus aux biens
du Ciel ?

Mais pourquoy le Créateur ex-
pofe-t-il à nos yeux tant d'objets
agréables? Pourquoi offre-t-il à nos
fens tant de charmantes créatures ?
Et pourquoy les a-t-il honoré de
tant de perfections ?

Il en a ufé ainfi , dit Saint Auguftin , afin que la veuë & la con-
fideration de ces expreffions fenfibles de fes beautez & de fes perfections , nous portât à l'eftime & à
l'amour de celuy qui en eft l'auteur.

Malheur donc , malheur à ceux
qui s'arrêtent à ces traces fenfibles , & qui s'attachent à ces àgre-

mens paſſagers en s'éloignant de celuy qui en eſt la veritable ſource. Malheur à ceux qui s'égarent par ce qui les devroit tenir dans la voye & les conduire au terme , & qui aiment au lieu de l'Eſtre immortel ces ſignes fragiles , au moïen deſquels il leur parle de ſes grandeurs, de ſes perfections & de ſon amour.

Tels ont été les Sages de l'antiquité payenne qui ſe ſont égarés dans la connoiſſance du veritable bonheur de l'homme. Ceux qui ont ſenti en eux un avide deſir des plaiſirs des ſens & de la chair , l'ont fait conſiſter à ſatisfaire leur moleſſe & leur ſenſualité.

Les autres qui étoient portés à l'amour des biens temporels ont mis leur felicité dans l'abondance des richeſſes & des poſſeſſions de la terre. Et ceux qui ſe ſont piqué de bel eſprit , l'ont établi dans les vaines ſciences.

Platon a approché de plus prés du but que les autres, en le faiſant conſiſter dans la contemplation de la verité , mais cependant fans y atteindre ; puifque c'eft principalement l'amour de la verité qui fait fur la terre & pendant cette vie le bonheur de l'homme.

Tant de connoiffance de Dieu qu'il vous plaira , fi l'amour ne nous porte & ne nous unit à cet objet beatifiant , nous ne pouvons attendre que le trouble & la mifere.

O que l'ame eft riche ! qu'elle eft heureufe ! qu'elle eft contente , quand elle a trouvé le precieux trefor de l'amour ! tout autre mouvement de fon cœur ne peut faire fon bonheur. C'eft l'amour de Dieu qui dévient le fupplément à tout ce qui lui peut manquer. C'eft lui qui lui dévient toutes chofes. C'eft lui qui l'éclaire , qui l'encourage , qui la confole , qui la purifie , qui la fanctifie, & qui l'unit à fon fouverain bien par l'ardeur de fes affections.

Cette verité eft reprefentée dans cette image , le cofre que vous voyez renferme plufieurs biens. Il

y a des facs remplis d'argent, &
il y a le divin amour tout éclatant
de lumiere qui s'offre à nôtre A-
mante. Elle en fçait faire le difcernement , en laiffant avec mépris les richeffes periffables de la
terre , pour s'attacher au divin a-
mour comme à fon vray & unique
trefor. Elle l'admire , elle l'accepte,
elle le reçoit , & il femble qu'elle
le veuille prendre pour le mettre
dans fon cœur , qui eft le cofre où
il demande à être renfermé , & où
la doit enrichir de toutes fortes
de vertus & de benedictions fpirituelles.

Imitez , ames Chrétiénnes , cette
Amante éclairée & prudente, dans
le choix que vous avez à faire vous-
mêmes de ce qui peut vraiement
vous enrichir & vous rendre heu-
reufes. Attachez - vous au divin
amour, ce trefor incomparable de
vos ames, qui peut feul vous orner de toutes les vertus , & vous
combler de grace & de gloire.

Pureté du Divin Amour.

L'amour saint ne connoist que d'innocentes flammes;
Il rend chastes les cœurs, il rend pures les
ames.

PURETÉ
du Divin Amour.

L'AMOUR DIVIN eſt la ſource de toute innocence & pureté. Tandis que cet amour a regné dans les Anges & dans les hommes, ils ont été purs & ſans tache; mais dés qu'ils en ont fait la perte, leur eſprit eſt tombé dans les tenebres & dans l'impureté.

Ceux des Anges qui ſe trouverent dans ce malheureux état par leur revolte, aprés avoir perdu le treſor de la charité, furent dépouillés de tous les avantages ſpirituels, dont le Créateur les avoit ornés, & devinrent tellement impurs aux yeux de Dieu, qu'ils furent pour toûjours bannis de ſa preſence.

Le même ſort arriva à Adam & à Eve ſon épouſe par leur deſ-

obéïssance, qui, les ayant dépouillés de l'innocence originelle, por-
ta la rebellion dans leur chair, qui
devint impure, & qui les fit chaf-
fer de leur bienheureux séjour.

L'amour divin qui s'étoit comme
retiré de la terre depuis ce defordre, y est revenu en faveur des
hommes pour rallumer dans leurs
cœurs ces premiers feux qu'ils y a-
voient éteints par le peché, &
pour retracer en eux les beaux caracteres de la pureté divine.

C'est par ces saintes & nouvelles
flâmes que le divin amour a formé
dans son Eglise tant de vierges &
de zelés penitens qui sont devenus
par son amour & par la grace
d'excellentes copies de son innocence & de sa sainteté.

O que ces cœurs conservés dans
la grace du baptême, ou reparés
par la penitence chrétienne, sont
chers au divin amour! Il se les propose comme d'excellens miroirs
qu'il a purifié lui-même par sa grace, qu'il nous donne à imiter, &

en qui il prend lui-même ſes plus douces complaiſances.

Tout charmé de leur pureté, il les conſidere, & nous les propoſe comme les chefs-d'œuvres de ſa grace & de ſa charité. Il leur fait part de ſes lumieres & de ſes plus tendres amours ; ainſi qu'un ſoleil éclatant qui ſe décharge de l'abon-dance de ſes lumieres & de ſes feux dans un pur criſtal , ou dans un miroir ſans tache.

Le divin amour repreſenté dans cette image , exhorte ſon amante par cette belle glace à rendre ſon cœur non-ſeulement exemt de tout peché , mais encore de toute affection au peché , ſi elle veut ſe rendre digne de ſes regards & de ſes faveurs.

Cette amante luy en fait la pro-meſſe en mettant la main ſur ſon cœur, & elle luy proteſte que tout ſon ſoin ſera de purifier tout ce qui pourroit luy déplaire , parce qu'elle eſt perſuadée qu'il n'y au-ra que ceux qui auront le cœur pur qui verront Dieu , que rien d'impur n'aura place dans son Royaume , & que l'ame souillée par le peché & sur tout par celuy de l'impudicité ne sera jamais la demeure du Saint Esprit.

Outre la pureté du corps , on peut encore remarquer trois sortes de pureté interieure , que le divin amour demande de nous pour être rendus dignes de ses communications intimes & amoureuses.

La premiere est une pureté de conscience. La seconde une pureté de vertu. Et la troisiéme une pureté de perfection.

Celuy qui évite jusqu'aux pechés de fragilité possede la pureté de conscience. Ceux qui dans toutes les occasions ont soin de pratiquer les vertus sans mélange d'amour propre , quoi que ce ne soit pas dans un dégré parfait, ont la pureté de vertu. Et ceux enfin qui tendent purement , & par la seule vûë de plaire à Dieu , aux actes parfaits de la vertu , sont arrivés à la pureté de la perfection.

Ces divers dégrés de pureté nous font connoître les differens états des ames , & les differentes liaisons & communications avec le divin amour.

Mais helas combien cette pureté que demande le divin amour se rencontre rarement dans nôtre conduite ! Combien le temperament , l'humeur & l'inclination naturelle ont-ils de part dans nos actions ? Combien la vanité , l'intereft & l'amour propre entrent-ils souvent dans ce que nous faisons de plus eftimable, & de plus loüable en apparence ?

Nôtre discretion eft mêlée de fineffe, nôtre prudence de malice, nôtre juftice de paffion & de reffentiment , nôtre force de temerité, nôtre temperance d'avarice ; nôtre douceur & nôtre modeftie d'affectation & d'orgueil , nôtre charité d'aigreur, nôtre zele d'amertume & de paffion , & nôtre amitié de fenfualité.

Ce compofé de verité & de menfonge , de tenebres & de lumiere,
de fageffe & de folie , de bien &
de mal , forme en nous un cahos
monftrueux & une impureté que
le divin amour ne fçauroit fupporter , ce qui devient l'obftacle à fes
communications , & à nôtre progrés dans la vie fpirituelle.

C'eft pourquoy , ames devotes
& religieufes, qui tendez à la perfection felon les devoirs de vôtre
état, vous devez travailler ferieufement & fans relâche à vous purifier en toutes chofes dans l'exercice & les actes de vos puiffances
fpirituelles , ainfi que dans vos
fens & dans vôtre chair, afin que
cette pureté univerfelle & complette , devienne le charme puiffant pour attirer en vous les faintes complaifances du divin époux
de vos ames & l'auteur de toute
pureté.

Unite du Divin Amour.

Dieu seul est notre fin, aimons le sans
partage.
Du cœur qu'il veut remplir il veut l'entier homage.

UNITE'
du Divin Amour,

L'UNITE' renferme une idée de grandeur & de perfection dans tout ce que l'on peut concevoir, foit dans le monde fenfible, foit dans le monde intelligible.

Elle eft dans la nature le beau fecret qui raffemble toutes les parties qui compofent chaque créature en particulier, & dont la divifion cauferoit la deftruction ou l'imperfection.

Elle eft dans la multiplicité des perfonnes divines l'heureux centre qui les réunit dans une même effence & dans une entiere égalité de perfection.

Elle eft dans JÉSUS-CHRIST le miracle & le prodige de l'amour, qui fait fubfifter deux natures differentes dans l'adorable perfonne de l'homme Dieu.

Elle eſt dans l'état politique le nœud de la ſocieté des hommes, & la ſource de leur force & de leur tranquillité.

Elle eſt dans la morale & dans l'état de la grace, le fondement de la ſainteté & de la perfection des Chrétiens, par la croyance d'une même doctrine, & le lien d'une même charité.

Elle eſt dans l'ordre de la gloire le lien ſacré qui unit la créature raiſonnable avec le Créateur, par la participation de la même felicité.

La magnifique & ſage œconomie que Dieu garde dans le gouvernement du monde materiel & ſenſible, en eſt auſſi une image & une expreſſion naturelle, tous les aſtres tirent leur lumiere d'un ſeul principe qui eſt le Soleil.

Tous les ruiſſeaux & toutes les rivieres ſortent & ſe raſſemblent dans les mers comme dans leur ſource, & toutes les créatures enſemble ne tendent qu'à manifeſter

l'exiſtance , la puiſſance , la ſageſſe & la bonté d'un même. auteur , dont elles tirent leur Eſtre
& leurs differentes perfeꞔions.

Il n'y a que dans le cœur l'homme
où cette unité à peine ſe peut trouver. .Son·amour. toûjours partagé
& répandu·dans les créatures , devient en lui la cauſe d'une confuſion & d'une diviſion inſuportable :
& il n'y a que le ſeul amour de
Dieu qui peut le retirer de ce malheureux état , en le réuniſſant à
ſon·aimable principe.

C'eſt ce qui eſt trés bien repreſenté dans nôtre image , où le divin amour paroît avec ſon amante
plein d'aſſeurance & de joye en ſe
voyant réunis enſemble aprés tant
de recherches & de partialités.

Tous deux dans les mêmes ſentimens font gloire de n'être plus·
qu'un , l'amour avec ſon carquois
en s'appuyant ſur ſon arc fait entendre la viꞔoire qu'il a rempor-
té ſur le cœur de cette Amante.
Ils mettent chacun le pied ſur le

même cube , pour nous ſignifier
qu'ils ſont établis ſur les mêmes
principes : & ils tiennent auſſi chacun d'une main le premier chifre
du nombre au milieu d'un cercle
couronné , pour nous apprendre
que leur union ; & que leur ſaint
commerce ſeront éternels & tous
glorieux.

Ce myſtere d'amour eſt encore
repreſenté par cette troupe d'oi-
ſeaux , qui ne s'uniſſent que pour
ſe mieux défendre , & que pour
goûter les plaiſirs innocens d'une
douce union & ſocieté.

Cette Egliſe qui aſſemble dans
un même lieu les fideles pour rendre à Dieu leur Souverain Maître
les mêmes devoirs de religion &
de pieté , en eſt auſſi une excellente figure.

Mais combien y en a-t-il qui ont
cette unité d'amour dans leur cœur?
Ce riche de l'Evangile à qui Jeſus-
Chriſt dit de vendre & de quitter tous ſes biens pour les diſtri-
buer aux pauvres & pour le ſuivre,

s'il vouloit être parfaitement son disciple , ne jugea pas que Dieu seul luy suffit ; puisqu'il est remarqué qu'à ces paroles il fut saisi de tristesse , comme si ce qu'on lui disoit de quitter fût comparable à ce qu'on l'invitoit de rechercher. *Cùm audisset adolescens verbum , abiit tristis.*

Combien y en a-t-il qui peuvent dire à Nôtre Seigneur comme firent les Apôtres : Nous avons tout quitté , & nous vous avons suivi !

La Volupté nous arrête dans l'amour des choses sensuelles ; elle nous dit : Vous êtes à moy , en vous prostituant à cette créature.

L'Avarice nous dit : Les biens que vous possedez sont le prix de vôtre esclavage. Tous les vices nous tiennent un même langage, & nous menacent d'une même servitude & d'une même captivité.

Il n'y a que les ames qui ont le cœur pleinement détaché des créatures , & qui sont unies à Jesus-Christ par une parfaite cha.

rité ; qui peuvent dire avec Saint
Paul : Ce n'eſt plus moy qui vis,
mais c'eſt JESUS-CHRIST qui
vit en moy.

C'eſt cependant, ames fidelles
& religieuſes, ce que vous devez
imiter à l'égard de vôtre divin E-
poux, en immolant à ſon amour
toutes les tendreſſes de vôtre cœur,
& tout ce qui vous paroît le plus
cher ſelon la nature & vos inclinations ; puiſque c'eſt par ce moyen
que vous éviterez les effets terribles d'une funeſte diviſion de vôtre ſaint Epoux au tems de la mort,
& que vous conſommerez dans le
Ciel cette glorieuſe unité de ſentimens & d'affections que vous
aurez conſervé ſur la terre &
pendant cette vie, au moyen du
doux & ſalutaire commerce de ſon
amour.

Combat du Divin Amour.

Armons nous de la foy: tout Chretien
  est soldat;
Pour remporter la palme il faut livrer
  combat.

Combat du Divin Amour.

VOICY un ftratagême bien furprenant de la conduite de Dieu, & dont l'intelligence eft trés importante pour encouráger les Fideles dans leurs épreuves & dans leurs combats, & pour leur apprendre en même tems à luy en rapporter tout le fuccés.

Le Divin Amour paroît d'abord dans cette image vouloir refifter à une de fes plus fidelles Amantes, aprés avoir épuifé en fa faveur tous les traits de fon amour, il femble qu'il ne foit plus occupé qu'à la traverfer, & qu'à luy difputer une victoire dont il lui a infpiré lui-même le deffein, & pour laquelle il lui a fait faire de fi grands efforts.

Il n'y a donc que vous, ô mon Dieu : Ouy il n'y a que vous qui foyez capable d'agir vraiement en nous, pour nous ou contre nous, foit par l'impreffion de vôtre efprit, foit par le mouvement de vôtre grace, ou par le miniftere & l'entremife des créatures.

Vous êtes le ſeul auteur & de nos biens & de nos maux. C'eſt vous qui nous pourſuivez, qui nous combattez, qui nous affligez & qui nous éprouvez par les créatures qui nous preſſent, qui nous attaquent, qui nous font ſouffrir, qui nous exercent, ou qui nous manquent dans les ſecours que nous aurions lieu d'en attendre ; & c'eſt vous d'un autre côté qui nous prevenez, qui nous défendez & qui nous conſolez par les créatures qui nous protegent & qui nous font du bien.

Vous ſeul donc, Seigneur, ouy vous ſeul meritez d'être craint, & d'être aimé, & aucune de vos créatures, n'eſt vraiement digne, ny capable de produire en nos ames ces deux mouvemens ſi eſſentiels & ſi differens de nôtre cœur.

Vous nous le faites bien comprendre, Seigneur, en diſant à vos Apôtres, de ne pas craindre les hommes, à cauſe des mauvais traitemens que nous en pouvons recevoir. Que les chevéux de nôtre tête font tous comptez ; & qu'il ne s'en détachera pas un feul fans la permiffion de vôtre Pere, étant la feule puiffance que nous devons craindre, & le feul bienfaiteur que nous devons particulierement aimer.

En voici un exemple bien fenfible & qui expliquera parfaitement cette verité. Jacob aprehendoit Efaü, il trembloit à fon aproche ; mais Dieu le voulant raffeurer contre cette crainte déreglée & exceffive, lui découvre une conduite de fa part également refpectable & pleine d'amour.

Ce divin Maître des cœurs prend la place d'Efaü fous la forme d'un ange, contre lequel le S. Patriarche lutta & combatit jufqu'au matin, & dont il demeura victorieux, pour lui faire comprendre, que s'il le pouvoit attaquer par fon frere Efaü, en fe fervant de fa malice pour l'affliger felon les deffeins de fa juftice, il le pouvoit auffi défendre par fa protection felon les deffeins de fa miféricorde, & de fa bonte.

Job en a été encore un exemple

D

fameux. Dieu, ſelon les deſſeins de
ſa ſageſſe, voulant éprouver ſon ſer-
viteur par les adverſités, laiſſa agir
contre lui toute la rage du demon,
qui l'aïant dépouillé de tous ſes biens
l'accabla de toutes ſortes de maux
& de mauvais traitemens, ce que
Dieu ne permit toutefois que pour
faire éclater davantage la force de
ſa grace, & la vertu de ce juſte au
milieu de ſes plus grandes épreuves.

L'Apôtre S. Jean nous veut faire
entendre ce myſtere, lorſqu'il dit
que ce qui nous rend victorieux du
monde eſt nôtre foi, c'eſt-à-dire cette conviction-interieure, & le vif ſentiment de cette verité qui nous fait
regarder dans les deſordres du ſiecle
dans la violence des hommes, & la
malice des demons, l'ordre de Dieu,
& les deſſeins de ſa providence ſur-
naturelle également ſages & juſtes.

Cette vûë eſt ſalutaire, elle eſt
toute capable de nous tranquiliſer,
& de nous établir dans une paix &
une fermeté inébranlable dans les
évenemens les plus triſtes & les plus
accablans, & de faire paroiſtre en

nous merveilleufement la protection de Dieu & la force de fa grace.

Le divin Amant de nos ames en
ufe de la forte tous les jours envers
fes plus fideles ferviteurs, en les atta-
quant, en les entreprenant, & en leur
refiftant prefque en toutes chofes.
S'ils fe propofent defurmonterquel-
que paffion dominante, & quelque
mauvaife inclination, ou quelqu'autres foibleffes qui les humilient& les
expofent à de frequentes chûtes, il
femble qu'il y foit comme infenfible
en faifant naître les occafions de les
mortifier, & en diffimulant d'exau-
cer leurs prieres & leurs vœux.

Mais confolez-vous chers amans
de mon Dieu dans les rigueurs appa-
rentes de cette conduite, puifqu'il
n'en ufe de la forte que pour vous
aprendre à ne pas craindre les hommes ni les demons lorfqu'il vous rend
victorieux de Dieu même, & que c'eft
par vôtre confiance & l'humble foumiffion de vos cœurs dans ces differens évenemens que vous faites honeur à fa conduite, & que vous atti-
rez fur vous les effets de fa bonté.

Enfin il ne vous refifte qu'afin que vousévitiez l'injuftepreſomption de cette amante qui,en tirant de toutes ſes forces cettepalme contre ledivin amour, tâche à lui difputer l'honeur de la victoire, pour s'en attribuer à elle ſeule toute lagloire aupréjudice du même amour. C'eft ce qui a fait dire à S.Auguftin,que la raiſon pour laquelle Dieu nous exerce en cette viepar tant de differentes épreuves, ne vient que pour nous punir de nô-tre orgueil, que pour nous en guerir ou que pour nous en préferver.*Vel ad damnandam, vel ad ſanandam, vel ad cavendam ſuperbiam.*

C'eſt donc, ames fidelles, en vous tenant ainſi dans·une humble & reſ-pectueuſe dépendance, & dans une amoureuſe confiance en la protec-tion de Dieu, que vous ſerez affer-mies dans le bien,nonobftant ces ap-parentes contradictions,& que vous direz avec le S. Apôtre dans un mê-me efprit d'humilité&de reconnoiſ-ſance. C'eft par la grace de Dieu que je ſuis ce que je ſuis. *Gratiâ Dei ſum id quod ſum.* 1. Cor. 15. 10.

Amour Pour Amour.

Dieu nous á le premier comblé de

son amour,

Qui pourra refuser de l'aimer á son tour.

13

AMOUR
POUR AMOUR

QUI le pourroit comprendre mon Seigneur & mon Dieu, que vous entreriez ainſi en comparaiſon ou en concurrence avec vos créatures ! Eh ! qui vous a appellé à ce rendez-vous pour vous décocher mutuellement des fléches juſqu'au cœur ſans vous épargner, & toûjours prêts à vous faire de nouvelles playes d'amour !

O que cette image toute affreuſe qu'elle paroît renferme de charmantes verités! Elle repreſente ſans doute l'état d'une ame, qui toute dégagée du deſir de plaire au monde, ne s'occupe plus que dans l'exercice du ſaint Amour.

Cette Amante s'eſt trouvée dans deux états bien differens, dans un état de ſervitude & de miſere, dont elle eſt delivrée par la cha-

D iij

rité du divin amour, & dans un état de liberté & de grace, où elle se trouve heureusement établie par la bonté de son divin liberateur.

Dans le premier état elle est devenuë un objet de sa misericorde, ainsi que le fut la breby égarée, dont il est fait mention dans l'évangile à l'égard du pasteur charitable, qui abandonnant le reste du troupeau, alla chercher cette fugitive dans les forêts, où elle étoit exposée à la fureur du loup.

C'est ce que la tendre compassion, dont le divin Pasteur est frapé jusqu'au cœur luy a fait faire dans les égaremens de nôtre jeune Amante, & si cette fléche de compassion dont son cœur est penetré l'engage à prendre son carquois, son arc & ses fléches, ce n'est que pour faire part à cette bien aimée de plus en plus de sa charité.

La nouvelle Amante en a bien compris le dessein, en s'armant de son côté & à son tour des mêmes instrumens de son amour. Toute

penetrée qu'elle est des bontez de
son cher amant, elle ne s'occupe
plus qu'à décocher dans son cœur
mille traits de sa reconnoissance,
à mesure qu'elle en reçoit de nouvelles faveurs.

Livrée à ce divin commerce
elle n'en a plus avec le monde.
Elle a quitté les embaras du siecle representé ici par cettegran-
de ville, & se trouvant seule au
milieu des campagnes avec son
bien aimé comme dans une douce
retraite, elle reçoit des playes d'a-
mour infiniment plus aimables que
les plus tendres caresses des créatures ; de maniere qu'elle n'a plus
d'attention que pour ménager son
bonheur, en rendant amour pour
amour à son glorieux vainqueur.

Divin Jonathas ! plus aimable que
toutes les femmes ensemble les plus
accomplies, dont les fléches n'ont
jamais été lancées en vain : n'épargnez pas la dureté de nos cœurs
qui s'opposent toûjours aux desseins
de vôtre charité. Percez-les, divin

archer, percez-les de la fléche d'une
fainte compon&ion pour en bannir
l'infidelité. Armez-lés d'arcs & de
fléches, afin qu'ils répondent de
leur part aux traits de vôtre amour.

Quoi donc mon aimable Sauveur,
n'y auroit-il que vous envers qui il
feroit permis d'être indifferent ?
Nous rougiffons, ouy, nous rougiffons des moindres reproches qu'on
nous fait d'être fans amitié pour
des créatures qui la meritent fi peu,
& nous nous piquons d'honneur
d'aimer ceux qui nous aiment, tandis que nous comptons pour rien
de refufer à Dieu un amour qui lui
eft fi legitimement dû, & qui nous
doit être en même tems fi honorable & fi avantageux.

Ah ! rendons au divin amour plus
de juftice. Aimons un Dieu fi parfait, fi bienfaifant, fi prevenant &
fi tendre : ne differons pas à l'aimer
au deffus de ce qu'il y a de plus aimable dans les créatures, puifqu'il
a daigné lui-même nous aimer le
premier & au-delà de ce que nous

en pouvions attendre, lorfque nous en étions les plus indignes, que nous étions fes ennemis & fes perfecuteurs en lui rendant le mal pour le bien, dans le tems qu'il nous tendoit les bras & qu'il mouroit pour nous. *Cùm inimici effemus reconciliati fumus Deo per mortem ipfius.*

Si donc c'eft un grand malheur de ne point connoître J. C. ce pieux ami, & ce bienfaiteur incomparable, quel plus grand malheur n'eft-ce point de le connoître & en même tems de le méconnoître, de connoître qu'il nous a aimé jufqu'à ce point, & de ne le pas aimer ; de connoître qu'il eft nôtre bien faiteur & de le payer d'ingratitude ?

Cette obligation de l'aimer n'eft pas feulement de confeil & de perfection, elle eft encore de precepte & de juftice. L'Apôtre S. Jean nous l'enfeigne, en difant que c'eft être dans un état de mort que de ne pas aimer Dieu, qui eft l'auteur de la vie. *Qui non diligit Dominum manet in morte.*

L'Apôtre S. Paul nous aſſure que ce crime ne peut être aſſez puni, & il charge d'anathême & de malediction l'homme inſenſible, l'homme ingrat, & generalement tous ceux qui n'aiment point le Seigneur Jeſus, & qui ne répondent point à ſon amour. *Qui non amat Dominum Jeſum anathema ſit.*

O vous qui faites profeſſion d'aimer Dieu, imitez les juſtes tranſports de cette amante, rien ne l'arrête dans ce glorieux exercice, elle porte par tout un cœur plein d'amour pour ſon divin amant. Semblable à l'épouſe du Cantique, elle eſt toute à ſon bien aimé, comme ſon bien aimé eſt tout à elle. Il eſt tout à elle par ſa miſericorde & ſes bienfaits; & elle eſt toute à lui par la ſincerité de ſa converſion & par les ſentimens de ſa reconnoiſſance.

Enfin il eſt tout à elle pour la combler de merite; & elle eſt toute à luy pour lui en rendre toute la gloire.

Production du Divin Amour

L'amour n'est point oisif, l'homme à
son Dieu fidele
Doit a toutes ses loix obeir avec zele.

PRODUCTION
du Divin amour.

L'AMOUR eft actif & fécond, il eft actif pour détruire tout ce qui s'oppofe à fa fécondité, & il eft fécond pour reparer toutes les violences de fon activité. Cette verité éclate merveilleufement dans l'ordre de la grace.

Le divin amour donne à fes difciples des armes pour combattre, & il répand en eux en même-tems des benedictions pour les rendre feconds en toutes fortes de bonnes œuvres.

Je fuis venu, dit nôtre adorable Sauveur, apporter fur la terre non la paix mais la guerre, pour retrancher & pour détruire par le glaive d'une circoncifion fpirituelle les paffions & les vices dans le cœur des hommes. Et d'un autre côté,

il affure qu'il eft venu apporter un
feu de benediction, afin de les em-
brafer & de les animer à la pour-
fuite du bien, & à la pratique de
toutes les vertus.

Dieu, dit le S. Roi Prophete, mor-
tifie & vivifie, il ôte & donne la vie,
il détruit en nous l'efprit humain,
l'amour propre, l'attachement à
nôtre propre volonté, les defirs &
les convoitifes de la chair, & generalement tout ce qui nous porte
au peché, pour enfuite nous donner la vie de la foy, l'efprit d'humilité & d'obéïffance, & fur tout
la fainte charité ou le divin amour,
felon, l'homme, reparé & renou-
vellé par la grace chrétienne &
medicinale du Redempteur.

De forte que l'on peut dire à nôtre égard que la vie fuppofe la
mort, & que Dieu ne refufcite l'a-
me qu'aprés l'avoir fait mourir.
C'eft pour ce fujet, & pour nous
rendre fenfible cette fage conduite,
qu'il renverfa Paul afin de le relever, & qu'il en fit d'un perfecu-

teur plein de fureur un Apôtre plein d'amour.

Cette conduite de nôtre Souverain Maître donne occasion aux fpirituels de diftinguer dans la vie chretienne deux états bien differens, l'un d'une vie purgative & de feparation, & l'autre d'une vie illuminative & d'union.

Le divin amour nous met dans l'état de la vie purgative & de feparation, par la penitence & l'exercice d'une continuelle mortification, afin qu'en retranchant de nos cœurs tous les obftacles à la vie de la grace qu'il y veut établir, il ne trouve rien en nous qui empêche l'effet de fa divine charité.

C'eft pourquoy il eft dit, que tous ceux qui invoqueront le Seigneur ne feront pas pour cela fauvez, mais feulement ceux qui, en l'invoquant, accompliront par amour la volonté du Pere Celefte.

Voulez-vous donc connoître, ames Chrétiennes, fi vous ai-

mez Dieu ſincerement & en verité, voyez ſi vous pratiquez de
bon cœur & avec fidelité ſes commandemens & les regles de ſa juſtice ; car, ſelon l'Apôtre S. Jean,
celuy-là eſt menteur qui dit qu'il
aime Dieu & ne pratique point ſes
loix.

C'eſt à ces traits qu'on reconnoît
& qu'on diſtingue les vrais amans
de Dieu d'avec ceux qui ne l'aiment
qu'en apparence, & non de cœur.
Et c'eſt auſſi par cette épreuve, &
par cette dilection interieure & efficace que l'ame eſt éclairée de ſes
lumieres, & qu'elle entre en ſocieté d'amour avec le ſaint époux
de nos ames, ſejon la meſure de
ſes dons & les deſſeins de ſa grace.

Cette verité eſt ingenieuſement
repreſentée dans nôtre image, où
l'amour divin aprés avoir épuiſé
toutes ſes fléches pour gagner le
cœur de nôtre Amante, ne s'occupe plus qu'à luy donner des leçons d'amour, & qu'à l'inſtruire
des moyens capables de la rendre

digne de l'honneur de son alliance & de sa tendresse.

C'est à cet effet qu'il lui ouvre
le livre de son évangile, qui contient dans tous ses preceptes & ses
conseils l'ordre, les dévoirs & la
perfection du vrai amour qui doit
nous animer.

La colonne ornée de trois Che-
rubins, sur laquelle est posé ce livre divin, est le symbole de ces
trois vertus principales & fon-
damentales la Foy, l'Esperance
& la Charité, qui font toute
l'essence de la Religon, & la force
& le caractere de l'Eglise Catho-
lique, qui est representée dans
notre image par le temple élevé
sur une haute montagne, & qui
forment en nous cette vie spirituelle, dont elles sont le principe
& la perfection.

Nôtre chere Amante est bien
persuadée de ces veritez, elle sçait
que la Foi l'a fait passer d'un état
de tenebres dans un etat de lumiere. Que l'Esperance chrétienne en

la retirant de fon empreffément
pour les biens de la terre lui fait porter fes vœux vers les biens du Ciel ;
& que la Charité la détachant de
l'affection à la créature , la porte
à l'amour du Créateur , cette fource de vie & de lumiere , cette heureufe plenitude de tous les biens, &
la fouveraine perfection des Anges
& des hommes.

C'eft dans ce vif fentiment &
toute penetrée de refpect & de confiance, qu'elle donne toute fon attention pour ne pas dégenerer d'un
fi glorieux état , fe propofant à cet
effet une docilité & une obéiffance
parfaite à fes volontez ; ce qui eft
reprefenté par le mord & la bride
qu'elle porte & qui en eft le fymbole,
en l'affurant que tous les preceptes
& toutes les faintes maximes de fon
facré livre feront toûjours le fujet
de fon occupation, & en s'attachant
à ce que la prudence & la juftice
demanderont de fon attention & de
fa fidelité ; ce qui eft reprefenté par
le miroir & les balances.

Charité du Divin Amour.

A Servir le Seigneur l'amour seul
nous engage
Est il un joug plus doux, un plus libre
esclavage?

15

CHARITÉ
du Divin Amour.

VOICY dans cette image le portrait d'une ame qui s'étant dépouillée de sa propre volonté, s'est renduë soûmise à celle de Dieu dans tout ce qui regarde l'exercice & la pratique de ses loix.

Elle avoit été auparavant esclave du propre amour, en suivant en toutes choses ses inclinations déreglées ; mais mieux instruite de ses devoirs, & fatiguée de sa dure servitude, elle s'engage dans celle du divin amour, dont elle devient l'humble disciple.

Ne soyez pas surprise de l'équipage dans lequel elle paroît ici, & si elle est attachee à ce chariot pour tirer avec de si grands efforts le pesant fardeau de toutes les vertus qui y sont assemblées, & qui sont representées par leurs differens sym-

boles , puifqu'elleeft en la compagnie du divin amour, qui de concert avec elle l'aide& l'anime dans
ce penible travail.

Tout eft doux & leger quand on
aime , & les plus rudes épreuves ne
font qu'augmenter nôtre courage,
lorfque l'amour divin nous anime &
daigne nous prêter fon fecours.
C'eft ce qui eft fort bien reprefenté par cette Ville , par cette Eglife,
& par ces vaiffeaux qui voguent fur
les eauës de cette mer agitée.

La correfpondance & la douce,
union des Citoyens fait le bonheur
& la force d'une cité , comme celle
des fideles le fait d'une même égli-
fe , lorfqu'ils font unis par une même doctrine , & par les fentimens
d'une même charité. Et un vaiffeau
évite le naufrage lorfque les matelots le conduifent de concert avec
le Pilote.

C'eft ainfi qu'une ame dans l'ordre de la grace en doit ufer, en tra-
vaillant de concert avec le divin
amour dans cette mutuelle corref-

pondance, & cette docilité amoureuſe qu'il demande de nous dans
la pratique de nos devoirs, & dans
une entiere obéiſſance à ſes volontez.

N'en doutez pas, ames fidelles,
toute la peine que l'on reſſent dans
l'exercice de la vertu , & dans la
pratique des bonnes œuvres, vient
moins des choſes qui nous ſont or-
données que de nos propres inclinations vicieuſes , qui forment en
nous des repugnances qu'on ne
peut facilement ſurmonter.

Cette verité ſe remarque ſenſiblement dans cette jeune Amante,
qui paroît ſe faire une ſi grande violence pour réuſſir dans ſon travail,
rien ne luy ſemble de plus difficile
& de plus penible.

Il eſt vray qu'elle a à pratiquer
de grandes choſes, la Foy, l'Eſperance & la Charité , ces trois
principales & eſſentielles vertus de
la religion & de la pieté Chrétienne, & que toutes les autres vertus
ſe preſentent en même tems à ſon

efprit & à fon cœur pour en accomplir les devoirs avec une attention , un attachement & une fidelité toûjours uniforme & inviolable ; ce qui fuppofe par confequent un continuel travail : mais
l'on peut dire que le poids de ce
chariot , qui n'eſt autre que fa propre volonté , fes repugnances naturelles, fes paffions dominantes,& fes
mauvaifes habitudes , font affure-
ment ce qui la travaille davantage &
lui rend penible ce glorieux labeur.

Dans cet état de foibleffe de la
part de fon propre cœur , & dans
la peine qu'elle en reffent , à qui
pourra-t-elle mieux s'adreffer qu'au
divin amour , qui feul eſt capable
de l'encourager , & de lui rendre
leger ce que fon amour propre ou
fa propre volonté lui fait trouver
fi pefant.

C'eſt à quoy non-feulement fa
charité le porte à l'égard de cette
Amante ; mais encore à s'attacher
luy-même par les liens de fon a-
mour à ce chariot , c'eſt-à-dire au

cœur de cette bien aimée, où toutes ces vertus se doivent assembler, afin de l'aider dans l'entreprise qu'il lui a luy-même inspirée, pour en porter tout le poids & toute la fatigue.

Cette charité du divin amour est vraiment toute admirable, & l'on auroit de la peine à le croire, si la foy ne nous enseignoit qu'en qualité de chef de son église, il est à nous & en nous par son esprit & par sa charité jusqu'à ce point de bonté & de condescendance.

Lors donc, ames chrétiennes, que vous sentez la pesanteur du travail dans l'exercice de la vertu, & des pratiques spirituelles de la vie interieure, ne vous en rebutez pas : ayez soin alors de vous attacher à mortifier vôtre propre volonté qui vous cause cette fatigue, & tâchant à vous conformer à celle du divin amour, vôtre cher Maître, faites en sorte par vôtre confiance de vous procurer sa presence & le secours de sa grace.

Que si nonobſtant ces précautions le poids de ce travail ſemble vous accabler, ſçachez que vôtre amour n'eſt pas encore au point de plenitude & de pureté auquel il doit être, & que Dieu le demande; & qu'il y a encore en vous bien des obſtacles aux mouvemens de ſon eſprit & de ſa grace. C'eſt alors que vous devez renouveller vôtre zele & vos prieres; afin qu'il augmente en vôtre faveur ſa charité, & que vous puiſſiez vous trouver en état de dire avec S. Auguſtin : Non, Seigneur, l'obéiſſance à vos ſaintes loix ne m'eſt point un travail, ou ſi elle en eſt un, ce travail me ſera toûjours doux, étant toûjours l'objet de mon amour. *Qui amat non laborat, aut ſi laborat, labor amatur.*

Conversion du Divin Amour.

Celui qu'il faut aimer reside dans
les cieux ;
Mortels, vers ce Sejour levez toujours
vos yeux

CONVERSION
du Divin Amour.

DIEU eſt le Soleil de l'homme, c'eſt-à-dire ſa lumiere &
ſon amour & l'homme eſt dans l'ordre, lorſqu'il regarde Dieu en toutes choſes, & qu'il aime Dieu plus
que toutes choſes.

Il ne doit ſur la terre penſer qu'au
Ciel, & aux devoirs de ſa religion.
Il y doit raporter toutes choſes,
s'il en veut faire un uſage innocent, & ſuivre le deſſein de ſon
auteur dans le grand ſpectacle des
créatures, qu'il preſente à ſes yeux
& à ſes ſens.

Cette verité eſt fort bien repreſentée dans nôtre Emblême. L'a-
mour divin qui eſt venu ſur la terre
chercher l'homme dans ſes égaremens pour le faire rentrer dans les
voyes de ſon bonheur, n'a rien
oublié pour faire réuſſir ce deſſein

en faveur de nôtre Amante, qui s'eſt enfin renduë à ſes recherches.

Ce divin amant dans le calme d'une ſainte retraite, où il la conduit n'a plus de fléches à décocher contre ſon cœur. Il a mis bas ſon arc, & ne s'occupant qu'à luï faïre remarquer ce qui ſe paſſe dans la nature, il luy apprend l'obligation qu'elle a de ne penſer qu'au Ciel, & à donner principalement ſon attention ſur tout ce qui eſt le plus capable de la porter aux moyens de pouvoir lui en procurer la poſſeſſion.

C'eſt ce qui eſt repreſenté dans nôtre image par ce ſoleil tout éclatant de lumiere, par ce temple, & ce convent bâtis ſur le haut de cette montagne. Il lui fait encore remarquer l'héliotrope, cette admirable fleur, qui, recevant tous les traits de ce bel aſtre, ſe tourne toûjours vers lui pour en recevoir de plus en plus les impreſſions, en lui marquant en quelque ſorte par cette poſture ſon amour

amour & fes douces complaifances.

Cette riviere qui paffe avec ra-
pidité fous ce pont, luy eft encore une autre leçon pour luy apprendre que tous fes defirs doivent tendre & retourner dans cet
ocean de la divinité, où elle a pris
fon origine, & où elle doit trouver fon repos.

- Ames Chrétiennes, qui eftes
dans une fi grande agitation parmy le commerce tumultueux des
créatures, fouvenez-vous que vôtre cœur ne fera content que dans
cette vûë fuperieure, & qu'en arrêtant vos penfées & vos defirs en
Dieu.

- Si donc la terre vous charme, regardez le ciel à l'exemple de faint
Ignace, ce bienheureux amant de
la gloire de Dieu, & vous avouerez
comme luy que tous fes agremens,
en comparaifon de ceux du ciel,
ne font dignes que de vos mépris.

Que fi les differens évenemens

de la vie vous affligent, souvenez-
vous de ce torrent de délices qui
vous est promis & qui vous est
preparé dans ce bienheureux séjour.

C'est ce que la genereuse mere
des Machabées representa si à propos au plus jeune de ses enfans,
qui paroissoit attendri par les promesses, & ébranlé par les menaces de l'impie Antiochus: De grace, mon fils, lui dit cette courageuse mere, regardez le ciel, où
vous retrouverez avec avantage
ce que vous allez perdre pour la
cause & la gloire de vôtre Religion.

En effet, qu'est-ce qui a porté
tant de personnes, de tout âge, de
tout sexe & de toutes conditions
à quitter le monde & à s'enfoncer dans les cloîtres & les solitudes pour vivre dans les austeritez
de la penitence ? Et qu'est-ce qui
a porté tant de Martyrs à répandre leur sang & à perdre la vie,
sinon la vûë & l'amour des biens

celeftes , & l'efperance de la vie
bienheureufe ?

Pourquoi JESUS-CHRIST, le
vrai trefor de nos ames, eft-il mon-
té dans fa gloire avec tant de pompe aprés tant d'humiliations , de
fouffrances & d'opprobres , fi ce
n'eft pour nous foûtenir & nous
encourager dans nos peines & nos
tribulations, dans l'attente de cette
douce patrie , où tous nos defirs &
nos amours feront pleinement fa-
tisfaits & contens.

Non, non, il n'y a point de repos fûr , ny de confolation vraye
& folide qu'en Dieu ; & que dans
l'efperance de fes promeffes. Vous
nous avez faits , Seigneur , pour
vous ; & nôtre cœur fera toûjours
dans l'agitation & dans le trouble,
jufqu'à ce qu'il foit parvenu jufques au point de ne plus chercher
fon repos qu'en vous. *Fecifti nos , Domine, ad te , & irrequietum eft cor noftrum
donec requiefcat in te.* S. Aug. l. 1. conf.

Si cela eft ainfi , Ames Chrétiennes: D'où vient que vous êtes

fi fenfibles & fi découragées dans les moindres épreuves ? Ah ! fans doute, c'eft que vous ne regardez pas le ciel, & que vous oubliez qu'une legere fouffrance doit être la femence d'un bonheur éternel.

Et vous, ames mondaines, pourquoi vous abandonnez-vous aux fauffes douceurs de la terre, finon parce que vous ne penfez pas aux délices du ciel, ny aux promeffes du divin amour, & que vos cœurs font feduits par l'enchantement des créatures, & le defordre de vos paffions.

Revenez donc, ah ! revenez de ces égaremens en imitant nôtre Amante, qui ne s'occupant plus que dans l'exercice du faint amour, & que des biens éternels, fe met en état d'affeurer fon efperance, & de joüir un jour dans le ciel du fruit de ces divines promeffes, qui doivent être fans ceffe, l'objet de nos penfez & de nos affections.

p.101.

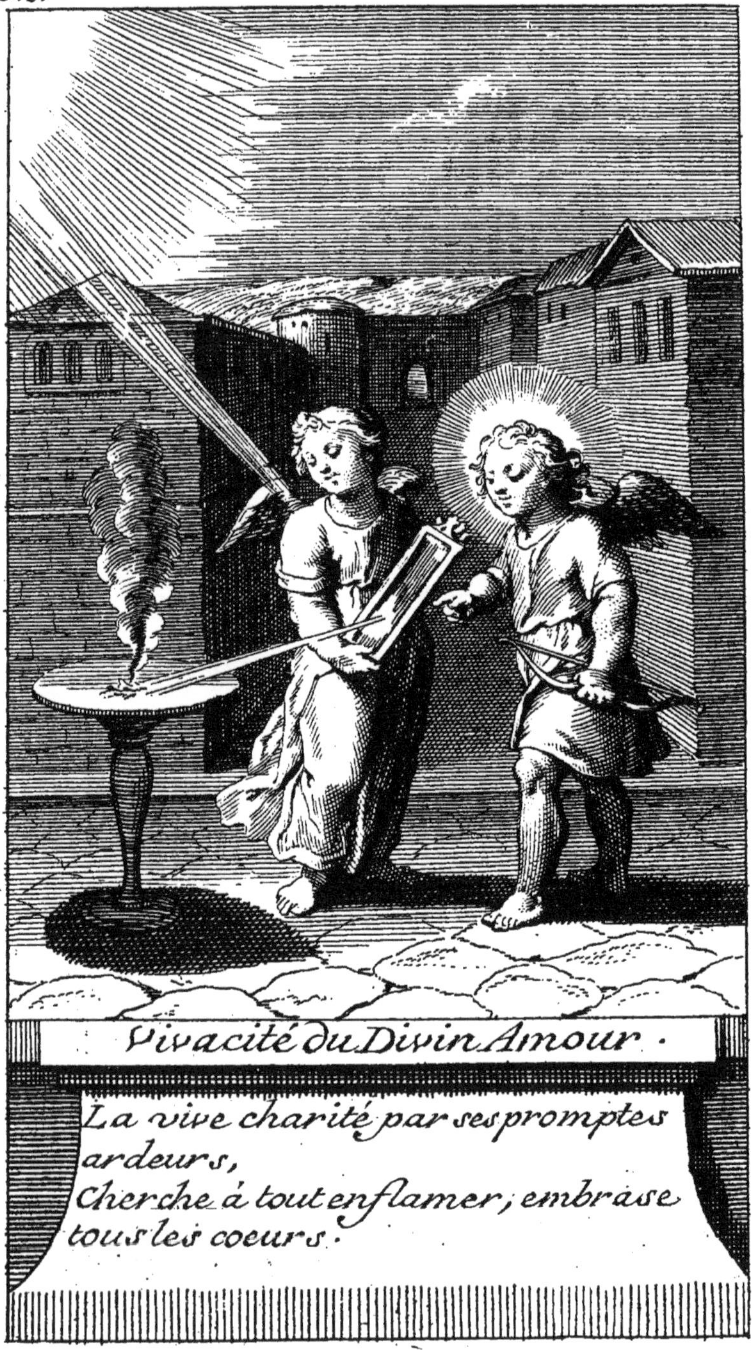

Vivacité du Divin Amour.

La vive charité par ses promptes ardeurs,
Cherche à tout enflamer; embrase tous les coeurs.

17

VIVACITE'
DU DIVIN AMOUR.

QUoy que l'amour divin soit de luy-même semblable au feu dans sa plus grande activité & perfection, & qu'il soit d'un caractere à ne pas s'accommoder de nos lenteurs & de nos indifferences, on peut dire neanmoins qu'il a ses commencemens & ses progrés, comme il a sa plenitude & sa perfection, quoique ces differens dégrés viennent moins de sa part, que de la nôtre.

Ouy, ô divin amour ! c'est de nôtre côté que vous trouvez tant d'obstacles à vos saintes operations ; & c'est par la forte inclination que nous avons pour les choses de la terre, que nous arrêtons vos mouvemens ; & que nous répondons si mal à l'impression de vos saintes ardeurs. Au moins si nous étions plus dociles à les recevoir, & qu'aprés les avoir reçûës, nous avions plus d'attention & de ſoin à les ménager & à les augmenter par l'éloignement des objets qui nous cauſent ces oppoſitions , & ces reſiſtances ſi injurieuſes à vôtre amour !

L'amour divin dans cette image paroît vouloir enſeigner le myſtere que je traite, à l'occaſion de nôtre Emblême , en inſtruiſant cette amante de la conduite qu'elle doit tenir , & des moïens qu'elle doit prendre pour mieux répondre à ſes intentions dans les ſaints commerces de leur amour.

C'eſt à cet effet qu'il lui fait faire l'experience de l'activité de la chaleur du ſoleil ſur la matiere combuſtible qui lui eſt preparéeſurcette table par le miroir qu'il lui a preſenté, afinque l'expoſant au ſoleil dans ſon midi, il en reçoive les lumieres & les ardeurs pour les communiquer à cette même matiere , qui s'échaufe peu à peu & s'enflâme juſqu'à une entiere conſommation.

Tel doit être nôtre cœur à l'égard du divin amour, semblable à cette matiere combustible, il s'échaufe & s'emflâme dans la charité, si, à l'éxemple de cette amante, nous avons soin de nous presenter au soleil de justice pour en recevoir les lumieres & les ardeurs dans la meditation de ses grandeurs, de ses beautez, de ses perfections & de ses misericordes.

C'est ce que le Prophete Roi pratiquoit lui-même dans ses saintes retraites : Mon cœur, dit ce religieux Prince, est tout échaufé au dedans de moy, & il s'y allume un feu dans la considerationde la bonté de mon Dieu que je ne puis éteindre. *Concaluit cor meum intra me, & in meditatione mea exardescet ignis.*

S. Bruno en fut si penetré lui-même qu'il ne trouvoit rien de plus doux que de s'en occuper. Ce divin attribut lui étoit toûjours present, il n'en parloit qu'avec des transports d'admiration & d'amour.

Il le repetoit sans cesse, rien ne lui paroissoit plus aimable ny plus

tendre. Ce feul nom prononcé renfermoit pour lui des charmes & des
confolations qu'on ne peut exprimer. *O bonitas, bonitas, bonitas!*

Imitez, chers amans de mon
Dieu, ce jeune cœur inftruit dans
l'école du divin amour. Il ne s'occupe plus que de l'art d'aimer. Tout
fon foin eft de chercher les moyens
qui peuvent l'échaufer. Il repond
par fa flâme aux flâmes du divin a-
mour, qui eft reprefenté par ce fo-
leil tout brillant & plein de feu, &
il trouve dans les faintes ardeurs qui
le confument une vie toute d'amour
il dévient lui-même amour, toutes
fes penfées font des penféesd'amour
fes paroles, fa contenance & fes actions font des expreffions d'amour.

C'eft ce que S. Paul, l'Apôtre du
faint amour, recommande aux fideles de Corinthe, en les exhortant
de faire toutes leurs actions dans
l'amour & dans la charité. Non,
non, cette vertu, dit le même faint
Apôtre, n'a point de bornes, elle
eft immenfe, elle croit tout, elle

efpere tout, elle fouffre tout. Tout
le refte paffe, le don des langues, la
fcience, la foy & l'efperance paffe-
ront, la charité feule, le divin a-
mour demeure, s'étend & paffe juf-
que dans l'éternité, *Charitas non ex-
cidit.*

Charité immenfe & fans bornes,
que tu es peu connuë, & que tes
douceurs font peu recherchées !
Ouvrez, ames fidelles, ouvrez vos
cœurs, pour recevoir la plenitude
de ce don précieux. N'arrêtez pas
le cours de fa flâme par vos infidelitez & vos lâches indifferences. Le
divin amour vous a aimé, & vous
aime encore fans referve en fe donnant tout à vous & tout à vos be-
foins N'eft-il pas jufte auffi que vous
l'aimiez fans referve, & que vous
vous donniez tout à luy & à fes divines operations.

Mais pour le faire ainfi, il faut
que vos cœurs, comme ces miroirs
concaves qui fervent ordinairement à produire ces effets, foient
creufés par l'humilité jufqu'à dé-

truire en eux la tumeur de l'orgueil & tout ce qu'il y a d'impur &
de terreftre , il faut que comme
cette matiere combuftible eft a-
neantie par les ardeurs de ce fo-
leil enflâmé, vous deveniez par l'a-
neantiffement de vous-même, tout
feu & tout amour , & que cet a-
mour vous donne des aîles pour
vous élever jufques dans le cœur
de vôtre divin amant, comme cette
matiere enflâmée femble s'élever
jufques au centre de ce bel aftre.

C'eft ce que le divin amour ope-
rera, à mefure que l'humilité & la
mortification détruiront en vous
toutes les fuperfluités de vôtre a-
mour propre , qui a peut-être été
jufqu'à prefent le feul obftacle à
fes divines communications , & à
vos progrés.

Pieté du Divin Amour·

Qui n'aime que son Dieu, qui n'entend
que sa voix,
Quitte tout pour le suivre, é S'attache
a sa croix·

18

PIETE'
du Divin Amour.

C'EST JESUS-CHRIT, nô-tre adorable Maître qui nous apprend en quoy confiste la vraie pieté de l'amour que nous devons avoir pour être justes & religieux,

L'amour des parens & des a-mis doit toûjours ceder à celui que nous devons avoir pour la justice & pour le salut, quand le premier s'oppose à celui-cy, en ce que la raison & la religion de-mandent de nous, & l'amour de soy-même ou de sa propre vie doit être sacrifié à celui que nous de-vons avoir pour Dieu, quand il y va de son service & de sa gloire.

Cette doctrine est établie sur sa divine parole, qui dit que ce-lui qui ne haït pas son pere, sa mere, son épouse, son frere, sa

E vj

sœur & le reste, lorsque l'amour
que nous avons pour eux nous empêche de le suivre, ou d'obéïr à
ses commandemens, n'est pas digne
de lui, & que celui qui aime son
ame, c'est-à-dire, sa vie au préjudice de sa gloire, sera privé de la
vie éternelle, qui ne peut être la
recompense que de la soûmission &
de la préference que nous devons
à Dieu en qualité de nôtre premier principe & de nôtre derniere
fin.

C'est sur ces regles importantes
de la charité que tant de prodiges
ont éclatez dans l'église de Jesus-
Christ, que tant de Martyrs ont pa-
rû sur le Théatre de sa religion, pour
rendre par l'effusion de leur sang,
d'illustres témoignages à l'amour
de la verité & de la justice chrétienne ; que tant de vierges & de
saints penitens ont remplis les cloîtres & les solitudes pour vaquer au
penible travail des vertus les plus
austeres de la vie évangelique.

Il est vray que l'amour des pa-

rens & des amis eſt en même tems
un amour naturel & un amour pieux:
mais quelque raiſonnable, pieux &
juſte que ſoit cet amour dans ſon
fond, il doit cependant ceder quant
à ſes devoirs à celui qu'on doit à
Dieu & à ſon ſalut, dont le ſervice & l'amour ſont preferables au
ſervice & à l'amour que nous devons à la créature.

Telle eſt l'obéïſſance que l'on
doit naturellement à ſes parens, &
qui nous eſt recommandée par la
loy de Dieu, tels ſont les bons offices que l'on doit à ſes amis, lorſqu'on ne peut les leur rendre ſans
manquer à ce que nous devons pre-
ferablement à Dieu & à nôtre ſalut.

Cette verité eſt repreſentée dans
nôtre Emblême. Le divin amour
aprés avoir éloigné & délivré cette
Amante de l'attachement à ſes
parens & à ſes amis, la conduit
par le mouvement de ſon eſprit
dans le ſanctuaire de la vraye pieté, en luy montrant le grand objet de ſa religion, JESUS, nôtre

amour crucifié, qui a quïtté le fein
de fon pere pour venir fur la terre
accomplir par fa mort le grand œuvre de fa charité. Il lui fait comprendre par cet exemple, quelle eft
fon obligation de quitter elle-même la douce compagnie de fes parens & de fes amis pour fe confa-
crer dans une fainte retraite aux
pieufes pratiques du divin amour.

C'eft ce qui eft reprefenté par cet
autel, & par l'image de fon Sauveur
crucifié qui lui eft offerte, & à quoi il
l'exhorte de faire une continuelle
attention pour affurer de plus en
plus fa vocation, & l'heureux choix
qu'elle vient de faire.

Le Monaftere qui paroît fur le
fommet de cette montagne, eft le
lieu où cette Amante doit former
fon genereux engagement, & où elle doit paffer fa vie dans l'exercice
d'une vraie & folide pieté, & dans le
foin de plaire à fon divin époux par
un amour également tendre, pru-
dent & laborieux.

Ne penfez pas qu'elle foit perfua-

dée que les cygognes repreſentées
dans cette image, & qui paroiſſent
ſi attachées à leur pere & à leur mere par cet amour aveugle qui les unit
enſemble, doivent toûjours être la
regle & la meſure de celui que nous
devons avoir pour nos parens. Non,
ſans doute, elle n'en eſt point perſuadée, & elles ne le doivent point être
ainſi que N. S. le fait entendre
à cette jeune Amante, parce que
la raiſon & la religion demandent
ſouvent de nous des égards & des
preferences, qui ſont autant juſtes,
qu'elles nous ſont ſalutaires.

C'eſt ce que le Maître du divin a-
mour nous enſeigne, lorſqu'il nous
aſſure que celui qui aura quitté pour
lui ce qui pouvoit lui être le plus
cher, en ſera recompenſé au cen-
tuple, & aura la vie éternelle.

Aprés cela, jeunes cœurs, qui
êtes appellés à la vie religieuſe, devez vous avoir tant de repugnance
à vous engager dans l'état ſaint où
la grace vous appelle ? Et faut-il
que l'amour de vos parens ou de

quelqu'autre creature difpute ou
l'emporte au-deffus de celuy que
vous devez à vôtre divin Maître ?

Gardez-vous donc bien de commettre une telle injuftice, & pro-
pofez-vous au contraire, en fuivant
les regles du divin amour & de la
charité fainte, de rendre à vos parens ce que la nature demande de
vôtre pieté, fans manquer à ce que
l'ordre, la juftice, le falut, le bon
exemple demandent auffi de nôtre
religion. C'eft ce que nous devons
faire felon cette prudence que Saint
Gregoire nous recommande, en
nous exhortant à nous attacher à
nos parens lorfqu'ils nous portent
à Dieu, & à nous en détacher lorfqu'ils nous en détournent, ou qu'ils
nous deviennent une occafion de
nous en détourner. *Hom.* 27. *in*
Evang.

p113.

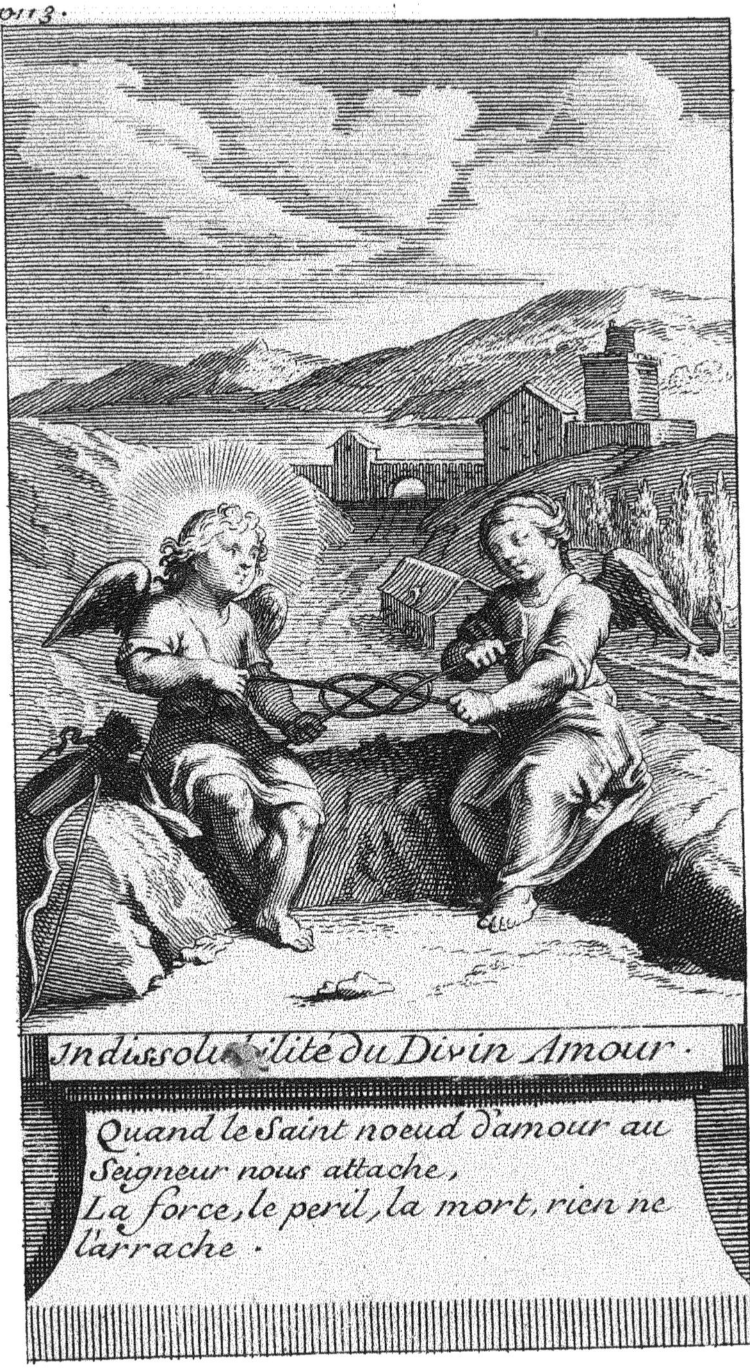

Indissolubilité du Divin Amour.

Quand le Saint noeud d'amour au Seigneur nous attache,
La force, le peril, la mort, rien ne l'arrache.

19

INDISSOLUBILITÉ
du Divin Amour.

LA CHARITÉ eſt le lien de
de la perfection, c'eſt-à-dire
un lien parfait qui nous unit enſemble dans un même eſprit de religion & de pieté, ou qui aſſemble
en nous toutes les autres vertus,
qui les anime, qui les conſerve &
qui les conſomme en leur donnant
la vie, le mouvement & le merite.
Elle eſt à l'égard de nôtre ame, par
raport à la vie ſpirituelle, ce que
l'ame eſt au corps par raport à la vie
animale. Sans la preſence de l'ame
& ſes operations, le corps eſt ſans
vie & ſans mouvement. De même
ſans la charité toutes nos actions
ſont ſteriles & infructueuſes pour le
ſalut: elles ne ſont que des corps
vuides, ſans force & ſans vie.

Si je n'ai la charité, dit S. Paul,

je suis semblable à un airain sonant
& à une cymbale retentissante.
L'aumône même & le martyre,
qui le croiroit! ne profitent de rien
sans la charité.

O nœud divin! nœud precieux,
nœud qui seul unit la creature avec
le Créateur, le neant au tout, la misere à la felicité, qui commence sur
la terre cette union heureuse qui
doit être éternelle avec l'Estre in-
créé & le souverain bien dans le
Ciel, que tu dois nous causer un
jour de consolation & de gloire!

C'est donc la charité, c'est le divin amour qui forme en nous toute
perfection dans nôtre état spirituel
& moral : & en effet, qu'est-ce que
la perfection, sinon l'accomplissement de la loy de Dieu, de ses commandemens & de ses conseils? Et
n'est-ce pas par la charité que nous
en accomplissons tous les devoirs,
& que nous en goûtons veritablement la verité, la sagesse & la justice.

Tout le dessein de nôtre adorable Sauveur dans son Incarnation

a été de détacher l'homme des
créatures, & de le réunir avec Dieu,
dont il s'étoit feparé par le peché
& le defordre de fes paffions. Tous
fes Myfteres n'ont fervis & ne fervent que pouroperer en lui ce grand
effet de fon amour ; & l'homme ,
pour cooperer à cette réunion, ne
doit rien tant avoir à cœur que de
contribuer à meriter ce bonheur ,
& à le conferver aprés l'avoir reçû.

Les Sacremens, & la grace fancti-
fiante qui en eft le fruit & l'effet
principal; ainfi que les fecours de la
grace actuelle qu'il nous prepare ,
& dont il nous fait part avec tant
de bonté , font les moyens dont il
fe fert pour operer & confommer
en nous cette œuvre d'amour , &
nous n'y devons participer nous-
mêmes qu'à cette fin.

Mais, ô divin amour ! qu'eft-ce
que l'homme, pour tant defirer fon
amitié & fon alliance ? L'homme
n'eft-il pas un ingrat & un volage ,
qui eft toûjours prêt à vous quitter,
& à rompre avec vous pour s'ata-

cher à de viles créatures souvent indignes de son estime & de ses recherches.

Cependant, ô amour infiniment aimable ! toûjours genereux & constant, c'est ce que vous recherchez avec le plus d'ardeur & d'empressement, & il semble que vous soïez en feste, lorsque vous avez occasion de lui témoigner vôtre amitié & de former avec lui cet heureux commerce.

C'est ce qui nous est representé dans nôtre Emblême. Le divin amour qui a déja rempli de sa charité le cœur de cette Amante, la porte à ne plus s'occuper qu'à faire de saints nœuds avec lui. Il n'a plus besoin d'arc ny de fléches pour l'arrêter dans la dissipation de son cœur, ny pour triompher de ses resistances : Elle est toute contente de se trouver seule avec lui dans cette douce solitude, & toute vaincuë & penetrée des traits de son amour, elle ne trouve rien de plus charmant que de s'occuper à former ces tendres engagemens.

Elle se propose a cet effet d'entrer
dans tous les desseins, de son divin a-
mant, d'obéir à ses loix de suivre ses
conseils, de regler sa conduite selon
ses saintes maximes, & d'éviter les
moindres occasions de l'offenser.
c'est dans cette genereuse resolution
que le divin amour devient en elle
l'heureux lien de son avancement
spirituel & de sa perfection, en la
mettant en état de pouvoir dire avec
l'Apôtre S. Paul : Qui pourra me se-
parer de la charité de J. C. le seul
objet de mon amour, l'auteur & le
consommateur de toute perfection ?
Quis me separabit à charitate Christi ?
Prenez garde, cheres Amantes de
mon Dieu, qu'aprés avoir experimenté les douceurs de ses tendres
commerces, la cupidité qui est l'ennemie de la charité, & le lien de toute imperfection ne s'introduise en
vos cœurs, & ne vous rende les esclaves des plus honteuses passions. C'est
ce que vous ne pouvez éviter qu'en
reprimant ses desirs & qu'en resistant
à ses amorces & à tous les apas, dont

elle se sert pour former de sa part dans nos cœurs des nœuds si difficiles à rompre.

En effet c'est elle qui de son côté assemble tous les vices dans ceux qui cedent à ses violences & qui en déviennent les esclaves. C'est elle qui les aveugle, qui les endurcit & qui les rend impurs & abominables au divin amour, en consommant en eux leur reprobation, qui n'est autre chose, dit S. Augustin, qu'une cupidité consommée. *Cupiditas consummata*

Craignez donc, ah craignez la seduction de ce cruel amour qui ne vous flatte que pour vous perdre. Il vous sera d'autant moins fatal, que vous tâcherez à vous en défendre, à le combattre, à l'affoiblir & à le faire mourir en vous par l'usage & l'exercice d'une continuelle mortification, en vous appliquant en même tems de toutes vos forces à établir en vous le glorieux regne de la Charité qui est, selon le S. Apôtre, l'heureux lien qui nous conduit à la perfection. *Vinculum perfectionis.*

L'Amour D. Victorieux de la Nature

Par l'amour de son Dieu la foible
creature
Tout a coup devient forte, et domte la
nature.

20

L'AMOUR DIVIN
VICTORIEUX
DE LA NATURE.

LA nature & la grace font deux principes bien differens dans l'état prefent où l'homme fe trouve depuis le peché. La nature dans l'homme innocent étoit occupée uniquement de fes devoirs. Elle s'y portoit par des inclinations droites & toutes faintes, & rien en lui ne la détournoit de ce que l'ordre, la juftice & la religion demandoient de fon attention, de fes foins & de fon amour.

.Depuis ce même peché, cette nature eft devenuë aveugle , vicieufe & toute corrompuë. Les paffions la préviennent, & lui donnent des penchans & des inclinations qui la portent à toutes fortes de déreglemens, felon les fauffes idées de bien & de mal , dont elle fe prévient elle-même par l'égarement de sa raison.

C'est en cet état où elle se trouve dans l'impuissance de demêler ce qui doit meriter son estime ou son mépris, son amour ou sa haine. Les choses spirituelles lui déviennent comme un cahos, dont elle ne peut faire le discernement dans la conduite de ses mœurs & les devoirs de sa religion : & comme elle est à tous momens traversée par les passions que la concupiscence excite en elle, elle conclut aussi presque toûjours en sa faveur, elle en devient comme captive, & force sa raison à se déterminer pour les objets qui l'occupent & qui l'irritent.

Ce reste de lumiere & d'amour pour le bien qui lui est demeuré, & dont elle ne peut se défendre, l'abandonne dans ses jugemens pratiques, & ne sert qu'à l'entraîner dans le mal d'une maniere plus criminelle & plus inexcusable.

Mais qui pourra s'opposer ou remedier à cette corruption, d'autant plus à craindre qu'elle est au dedans

dans de nous-mêmes, & qu'elle eſt devenuë comme nôtrepropre fond, ſinon l'amour divin, cet amour ſuperieur, cet amour medecinal & victorieux qui nous fait triompher de nous-mêmes, & qui devient en nous l'heureux principe de toute lumiere & de la vraie liberté.

Nous en voyons les effets dans nôtre jeune amante. La nature juſqu'à preſent l'avoit tenu dans ſes liens; charmée de l'agreable ſpectacle des creatures, les richeſſes, les honneurs & les plaiſirs lui avoient gagné le cœur, & rien ne paroiſſoit pouvoir rompre ſes chaînes & ſes engagemens : mais enfin le divin amour l'éclairant ſur la vanité & l'inconſtance de ces avantages temporels, luy propoſe des biens plus ſolides & plus durables, auſquels elle ſe détermine, & luy fait abandonner ceux qu'elle avoit auparavant recherchez avec tant d'aveuglement & de paſſion.

C'eſt dans ce juſte diſcernement & cette pleine & genereuſe reſolu-

F

tion qu'elle en devient victorieufe,
& qu'elle fe voit en état de conge-
dier cette marâtre pour fuivre fon
nouveau Maître & fon cher Liberateur, qui combattant pour elle, lui met déja en main le figne
de la victoire, & l'affeure par ce
moyen de la défaite de cette ennemie qu'elle avoit le plus à craindre.

Ames devotes & religieufes, tel
fut vôtre fort, lorfque dans vôtre
converfion la grace vous retira de
vos paffions & de vos égaremens,
en renonçant à vous-même, & à
vôtre propre nature fous l'efclavage de laquelle vous aviez tant
gemi. Que vôtre joie alors fut grande & que vôtre cœur fut content
de vous en voir ainfi délivrées!

Oui, ce fût alors que vôtre ame
goûtant le doux repos de vôtre
nouvel état, combla de loüange, à
l'exemple du faint Prophete, le Dieu
qui vous avoit comblé de fes biens
en vous faifant part de fon amour,
l'heureufe fource de vôtre bonheur. De cet amour, dis-je, qui;

vous ayant délivré de la mort du
peché, vos yeux des larmes & vos
pieds de la chûte, ne vous laiſſoit
plus que le moyen de plaire à Dieu
dans la terre des vivans , c'eſt-à-
dire dans ces lieux de vie , dans
leſquels le divin amour fait paſſer
ces ames choiſies d'un état de mort
& de peché, dans un état de vie
& de grace.

Mais prenez garde , cheres ames,
de ne pas vous engager de nouveau
dans ce premier état de mort ; car
quoyque dans cette image le divin
amour repouſſe & chaſſe la nature
corrompuë, elle veut cependant toûjours revenir & ravir à cette amante l'honneur de ſa victoire. C'eſt ce
qui eſt arrivé à pluſieurs ſerviteurs
& ſervantes de Dieu , qui aprés
en avoir triomphé, en ont été ſouvent vaincus en retombant dans
ſon eſclavage.

Il eſt vrai qu'à l'égard de cette amante, cette nature repreſentée par cette femme vaine &
ſenſuelle, n'a plus de mammelle

du côté gauche , qui est celui
du cœur , dont le divin amour s'est
rendu le maître dans sa jeune a-
mante ; mais remarquez & souvenez - vous qu'elle en porte deux
autres du côté droit , l'une de lait
& l'autre de fiel ; & que , sans
avoir égard à cette derniere , on
s'enchante des douceurs de la premiere , en oubliant les amertumes
de la seconde dont elle accable
ceux qui s'y laissent surprendre.

Il n'y a que vous , ô divin amour!
qui pouvez nous en défendre par
les douceurs de vôtre charité , &
nous en assurer la victoire par cette
même grace qui nous en a déja
rendus victorieux. Daignez donc ,
daignez nous l'accorder & nous
l'augmenter jusqu'au point de faire
éclater en nous vôtre force invincible par un attachement & une per-
severance qui réponde à vôtre charité victorieuse & sans borne.

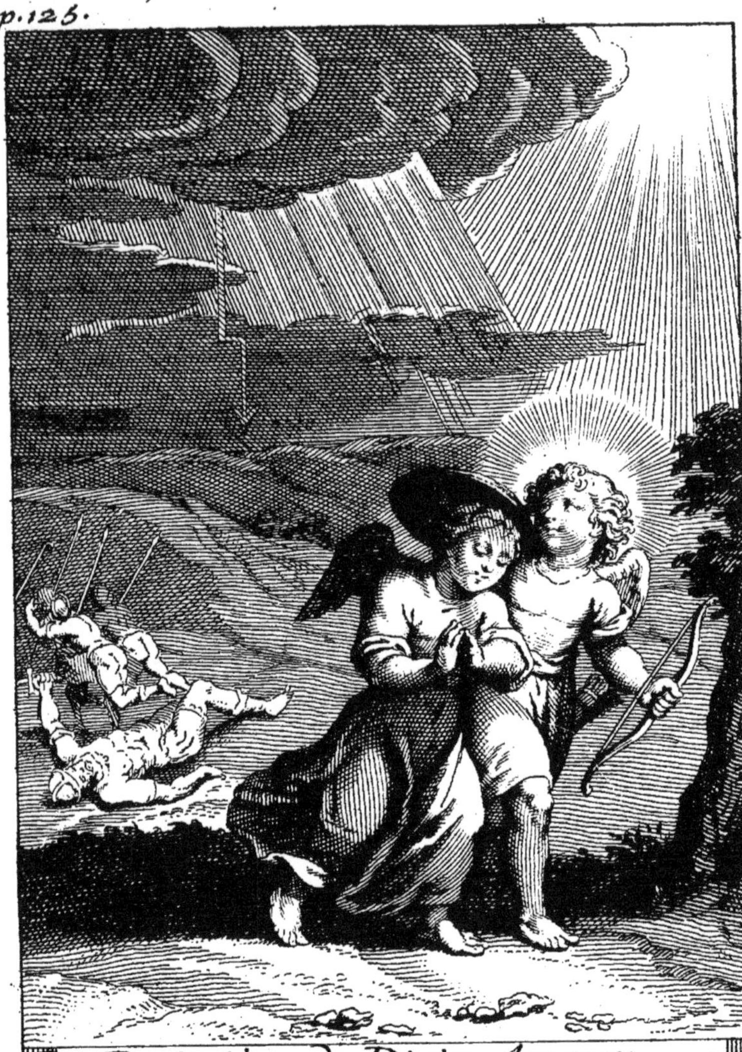

Protection du Divin Amour.

Je ne suis que neant, je ne suis
   qu'impuissance;
Mais mon Dieu me Soutient, je
   marche en assurance.

PROTECTION
du Divin Amour.

RIEN-n'eſt plus foible que l'homme lorſqu'il eſt aban-donné à lui-même : les moindres tentations l'ébranlent , les moin-dres épreuves le découragent , & ſon propre amour ne ſert qu'à le ſeduire & qu'à le livrer à ſes enne-mis.

Rien au contraire n'eſt plus fort que ce même homme quand Dieu, quand l'amour divin le ſoûtient, qu'il le défend & le protege , & que cet amour devient lui-même l'ame de ſon cœur. C'eſt alors, dit le ſaint Prophete, que ſes ennemis fondent devant lui comme la cire fond devant le feu. *Sicut fluit cera à facie ignis , ſic pereant peccatores à facie Dei.*

Quelles merveilles cet amour n'a-t-il pas operé dans les Martyrs

qui ont vaincu les Tirans & fur-
montez ce qu'il y avoit de plus af-
freux & de plus terrible dans leurs
fupplices ?

Que n'a-t-il pas fait, & que ne
fait-il pas encore tous les jours
dans les Solitaires & dans ces jeunes Vierges, qui, dans un âge tendre & dans une chair délicate, ont
vaincu par la force de cet amour
ce que le demon , le monde & la
chair ont de plus fort & de plus fe-
duifant ? Ce même amour étant
devenu en eux comme un bouclier
impenetrable à tous leurs traits &
à tous leurs efforts.

Je remarque principalement deux
fortes d'ennemis qui nous attaquent , des ennemis interieurs &
des ennemis exterieurs. Le monde
nous attaque au dehors par fes er-
reurs, fes fcandales, fes promeffes
& fes menaces ; & il eft encore
plus à craindre par fes douceurs
que par fes amertumes.

La chair nous fait la guerre au
dedans par fes convoitifes & fes

'paſſions, & le demon par ſes illuſions & ſes artifices.

Deux amours peuvent nous défendre contre ces ennemis. Le premier amour eſt Dieu même l'auteur & l'objet de tous les amours pieux & innocens. C'eſt cet amour, je veux dire le divin amant, qui par un effet de ſa bonté devient nôtre protection, en diſſipant au dehors les ennemis qui nous combattent; & en détournant de nous les effets de ſa colere pour la faire éclater contre les méchans.

Il devient encore nôtre protection au‑dedans de nous‑mêmes par la charité qu'il y répand, laquelle nous mettant en défenſe contre la cupidité nous met auſſi en état de reſiſter à ſes efforts, & de nous en rendre victorieux.

Tous ces effets ſont repreſentez dans nôtre emblême. Une armée toute entiere d'ennemis venoit fondre ſur cette jeune amante; le ciel même comme de concert s'ouvroit de toutes parts par la violence de

fes éclairs & de fes foudres , & il
fembloit qu'en cette occafion : elle
avoit tout à craindre, & qu'elle ne
pouvoit attendre que fa perte & le
triomphe de fes ennemis.

Mais , ô divin amour ! amour
toûjours occupé de ceux qui efpe-
rent en vous , vous ne l'avez pas
abandonné dans ces perils & ces
allarmes. Vous êtes devenu fa
lumiere & fon falut , fes ennemis
font devenus foibles, ils ont pris la
fuite, le chef de la troupe qui eft
le demon eft renverfé par terre ,
& les mêmes foudres qui mena-
çoient la pauvre amante vont écra-
fer le malheureux.

C'eft dans cette circonftance fi
dangereufe, que la prefence & la
compagnie de fon divin protecteur
lui devient un fujet de joie & comme le feftin de fon ame. Elle en eft
toute tranfportée, ainfi que feroit
un voyageur fur mer qui auroit évi-
té le naufrage par le prompt fecours d'un charitable ami ; ou que
le feroit un malade qui fur le

point d'expirer, trouveroit un medecin qui aprés l'avoir gueri de
ses maux, luy auroit sauvé la vie.

La jeune amante touchée des
mêmes sentimens, suit avec une
joie extrême le divin amour, en
fuyant en même temps ses ennemis de la part desquels elle n'attendoit que sa perte. Toute confuse de s'estre trop engagée dans
leurs pieges, elle en fait en joignant
les mains une juste satisfaction à
son cher Liberateur, & en luy faisant entendre que désormais elle
sera plus prudente & davantage
sur ses gardes afin d'éviter de pareilles occasions.

C'est, ames chrétiennes, ce que
vous devez imiter pour ne pas vous
exposer aux insultes de vos ennemis & à de semblables dangers. Car
il n'arrive que trop souvent que
vous n'évitez pas avec assez de soin
les occasions de succomber aux tentations de vos ennemis qui sont toûjours au guet, & viennent en foule
dans ces momens pour vous sur-

prendre, pour vous attaquer & pour vous perdre : & peut-être en avez-vous experimenté quelquefois les malheureux effets.

Soyez donc ; ah foyez plus foigneufes à les éviter ! & s'il arrivoit nonobftant vos juftes précautions à vous en défendre que vos enne-mis entrepriffent de vous attaquer & fe dechaînaffent contre vous ; mettez - vous alors avec confiance fous la protection du divin amour, appellez-le à vôtre fecours, avoüez vôtre foibleffe & vôtre impuiffance , reconnoiffez la neceffité de fa grace & tenez-vous enfin fous les aîles de fon amour jufqu'à ce que leur iniquité foit paffée & confonduë. *Donec tranfeat iniquitas.*

La Semence spirituelle rendue féconde

Tout le tems de la vie est le tems de Semer,
L'homme repand son grain, et Dieu
le fait germer.

22.

LA SEMENCE SPIRITUELLE
renduë feconde par le Divin Amour.

LA vie prefente eft le temps de femer ; un Laboureur pafferoit pour un infenfé, s'il differoit de femer pendant l'hyver à caufe du travail & des incommoditez de cette faifon. Cette vie eft comme l'hyver, & la vie à venir fera comme l'efté ; celuy qui n'aura point femé pendant cette vie, ne trouvera rien dans celle qui la fuivra.

Le faint Apôtre nous exhorte de ne nous pas laffer dans le travail de la vie fpirituelle fi nous en voulons receuillir le fruit en fon temps.

Il nous avertit auffi que nous ne receuilleront que ce que nous auront femé : de forte que ceux qui ne femeront pendant cette vie que dans la chair, ne receuilleront de la chair au temps de la mort que la corruption & la mifere ; & au contraire que ceux qui femeront

F vj

dans l'esprit, receuilleront aussi de l'esprit la vie éternelle & la beatitude.

Mais que pouvons-nous semer selon l'esprit en cette vie si remplie de miseres, sinon des œuvres de justice, de charité & de misericorde? Et quel fruit en pouvons-nous attendre, dit saint Augustin, si ce n'est la grace de Dieu, la paix de nos ames & l'esperance des biens futurs? *Pacem animarum nostrarum, & spem futurorum bonorum.*

Les maux passagers d'icy bas sont encore pour nous des semences qui doivent, selon saint Paul, produire des biens éternels. La Penitence, les saintes larmes, la componction du cœur sont en nous des semences de reconciliation, de consolation & de joye, dit le saint Prophete. *Qui seminant in lacrymis in exultatione metent.*

Voicy, ames chrétiennes, une petite éleve du divin amour, qui, aprés avoir appris à cultiver la terre de son cœur par la mortification

de fa propre volonté, de fes inclinations, de fes appetis & de fes
fens, ne s'occupe plus qu'à y répandre la femence fpirituelle des
preceptes de la loy de Dieu , des
regles & des maximes du S. Evangile, cette fource de verité, de juftice & de fainteté.

Le lieu où elle a été inftruite
dans ce labeur & dans l'art de répandre utilement ces précieufes femences , eft l'Eglife ou le cloître
qui luy ont fervi d'école, & où le
divin Maître luy a fait comprendre
la neceffité de ce travail & la douceur des fruits qu'elle en doit attendre.

Elle en doit affurément efperer
une abondante recolte , puifque
c'eft l'amour luy-même qui l'accompagne dans cette culture & qui
les arrofe de fes benedictions & de
fa grace.

Ne vous étonnez pas fi le divin
amour qui paroît s'intereffer fi fort
dans ce labeur en arrofant ces
mêmes femences, porte encore fon

arc fur fon épaule , & s'il a auffi à
fon côté fon carquois rempli de fléches ; puis qu'il n'eft en cet équipage que pour faire mieux entendre à cette amante la part qu'il
prend dans cette culture & la ferveur avec laquelle elle doit s'en
acquitter elle - même , étant toûjours preft de luy décocher de nouvelles fléches d'amour pour la ranimer dans ce falutaire exercice. .

Cette conduite du divin amour
doit beaucoup exciter nôtre courage , nôtre ferveur & nôtre confiance dans le travail de la vie fpirituelle & de nôtre avancement
dans là vertu ; puis que c'eft luy-
même qui nous y exhorte., qui nous
y accompagne & qui nous y donne
la fecondité par les benedictions de
fa grace., & que d'ailleurs il nous
en doit revenir. à nous-mêmes de
fi grands biens.

Cependant qui font ceux qui s'ap-
pliquent ferieufement comme il
faut., & autant qu'il le faut, à ce
pieux labeur? Combien y en.a.t-il

à qui l'on pourroit dire comme à
ceux à qui nôtre Seigneur reprocha
l'oifiveté ? Pourquoy paffez-vous
tout le jour fans rien faire , ou à
faire ce que vous ne devriez pas faire ? Combien y en a-t-il encore qui
ne fement que des œuvres corrompuës ; ou s'ils en fement de bonnes,
c'eft fans aucun profit , parce qu'ils
les fement fans amour de Dieu , &
uniquement pour fatisfaire leur intereft ou leur vanité ?

Ne vous y trompez pas , ames
chrétiennes , vous ne receuillerez
que ce que vous aurez femé , &
qu'autant que vous aurez femé , &
vôtre femence fera fterile & infru-
ctueufe fi vous la répandez fans a-
mour.

Imitez la fainte Vierge qui ca-
chant dans fon cœur amoureux ,
comme dans une terre de benedi-
diction , les miracles , les myfteres,
les paroles & les actions de fon divin Fils , s'en fervoit pour nourrir
fa foy , édifier fa pieté & augmenter fon amour. *Maria autem conferva-*

bat omnia verba hæc, conferens in corde suo.

C'eſt ce que nôtre amante tâche de faire dans la compagnie du ſaint amour, en ſemant dans le champ de ſon eſprit & de ſon cœur préparé par la priere, la retraite & les œuvres de la penitence chrétienne, les verités ſaintes de ſon divin Maître, qui, les arroſant de ſes graces, les fait fructifier en toutes ſortes de vertus & de bonnes œuvres.

C'eſt auſſi, ames devotes, ce que vous devez faire à l'égard de vôtre perfection & de vôtre ſalut qui en doivent être le fruit & la récompenſe, & qui augmenteront à proportion que vôtre travail ſera ſerieux, perſeverant & accompagné d'amour pour celuy qui en doit être l'objet & la fin. *Quantus erit Dei amor in labore, tantum erit præmium in mercede.*

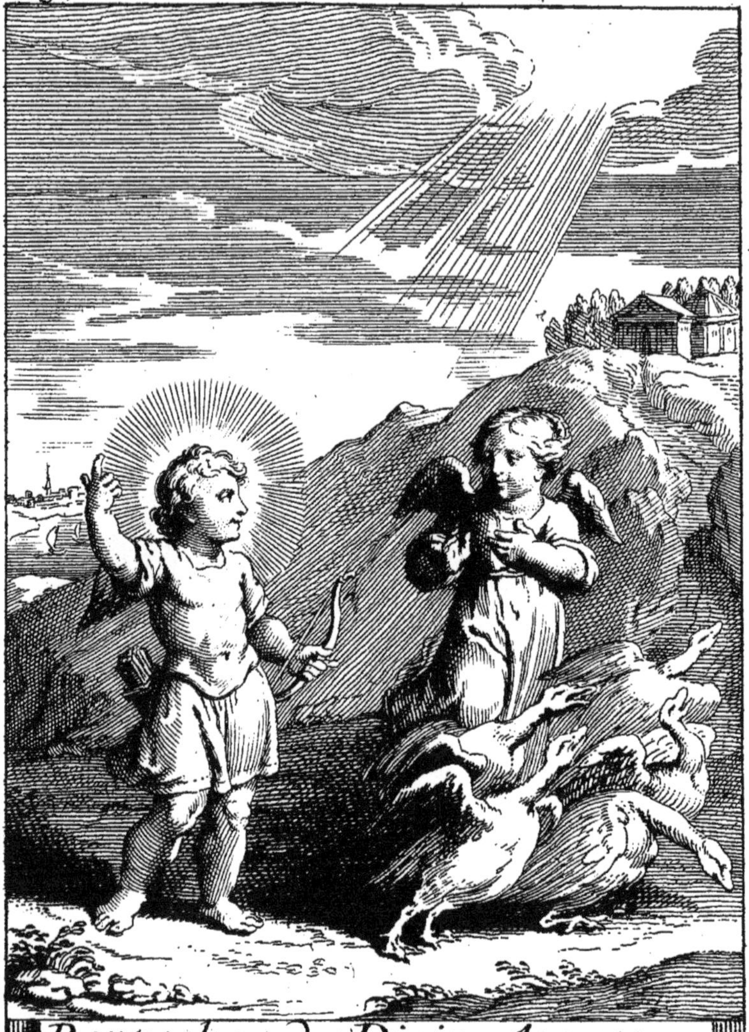

Reproches du Divin Amour

Mortels livrés au monde, yvres de
vains desirs:
Quittez les, C'est au ciel que sont les
vrais plaisirs.

REPROCHES
du Divin Amour.

LE grand obſtacle à la vie ſpirituelle & chrétienne eſt la
ſenſualité, c'eſt-à-dire l'inclination
vicieuſe qui nous porte avec paſſion
aux plaiſirs des ſens.

Depuis le peché d'Adam on n'a
de l'attrait & de l'empreſſement que
pour les creatures & le bien ſenſible. Dieu s'eſt comme retiré du
monde, il nous paroît comme
étranger, & il ſemble même que
l'on ſouffre quelque violence lorſqu'on veut aller à luy.

Cet état de l'homme ſi injurieux
à Dieu ſon ſouverain bien, ſi peu
convenable à ſa raiſon & ſi contraire à ſon repos & à ſon ſalut, ne
vient pas préciſement de cette inclination naturelle qu'il a pour le
bien en general, qui eſt toute innocente, mais du plaiſir qu'il reſſent
ou qu'il ſe propoſe par le dere-

glement de fon appetit , de fe
procurer dans la recherche de
ce bien. Comme ce plaifir le prévient fans cefle, ce plaifir auffi
devient tellement maître de fon
cœur , qu'il l'entraîne prefque
toûjours vers les objets qui le caufent ou femblent le caufer malgré
fa raifon & fa propre experience.

Mais, direz-vous, eft-ce que
l'homme ne goûte aucun plaifir du
côté de Dieu ? Ouy fans doute il
en goûte de trés-purs ; mais comme
il ne les peut goûter qu'en fe privant
de ceux que luy offrent les creatures, & qu'en donnant toute fon attention à fes devoirs ; & que ces
moyens luy paroiffent trop gênans
& trop durs , il fe porte prefque
toûjours à conclure dans fes jugemens pratiques en faveur des biens
fenfibles qui luy en préfentent& luy
en font goûter à tous momens fans
aucun travail , & en fe laiffant feulement aller au panchant de la nature corrompuë.

Il n'y a que vous, ô mon Dieu !
qui pouvez en arrêter le cours par

l'impreſſion de vôtre amour en luy
faiſant préferer un plaiſir penible,
mais ſolide & ſalutaire, à un plaiſir
commode, mais qui n'a rien de réel,
& qui ne peut que luy être préju-
diciable & luy cauſer la mort.

Adam avant ſon peché ne ſentoit
point de plaiſir qui le prévint & qui
le fit pancher du côté desobjets ſenſibles au préjudice de ſa raiſon, il
étoit dans une parfaite liberté pour
ſe porter à l'amour & à la recherche du vray bien. Depuis ſon peché
il eſt devenu l'eſclave du plaiſir, il
ne peut plus en arrêter le ſentiment,
& cette ſervitude le porte avec paſſion à ne deſirer que ce qui peut le
ſatisfaire ſelon le corps & les ſens,

Ce déſordre a paſſé dans toute
ſa poſterité, & il eſt devenu la ſource malheureuſe de tous ſes dereglemens & de tous ſes maux, prin-
palement dans ſon état ſpirituel &
moral.

C'eſt pour ce ſujet que l'Apôtre S.
Paul appelle l'homme en Adam
tout animal, tout charnel & incapa-
ble des choſes qu'enſeigne l'eſprit

de Dieu, ne les pouvant comprendre, & les regardant ou comme im-
poſſibles, ou comme une folie.

Cet état eſt aſſez bien repreſenté
dans cette Image par ces oyſeaux,
dont le naturel eſt de ſe plonger
dans les rivieres, & de chercher
leur nourriture dans les eaux fan-
geuſes des ruiſſeaux & des marais.

Les Naturaliſtes remarquent trois
ſortes d'oyſeaux qui ont des inclinations bien differentes, & qui repreſentent par là trois ſortes d'états
differens parmi les hommes.

Il y en a qui ſe plaiſent ſur la
pointe des rochers & que l'on voit
rarement au bord des rivieres. Ceux
de cette eſpece repreſentent ceux
qui s'éloignent du commerce des
autres hommes, & vivent dans de
ſaintes retraites pour s'occuper plus
facilement dans les exercices de l'o-
raiſon & de la vie contemplative.

Il y en a d'autres qui ne fuyent pas
les eaux, & qui ne s'y plongent pas;
mais qui demeurent ſur le bord des
rivieres pour voir & pour mieux
découvrir leur ennemi : & ils repré-

fentent ceux qui vivent dans le fiecle, fans vivre felon les hommes
du fiecle, qui n'y reftent que par
raifon & que par la neceffité de leur
état ou de leurs emplois.

Enfin il y en a d'autres qui font
toûjours dans les eaux, comme font
les oyfeaux de riviere. Ces derniers
réprefentent ceux qui aiment le
monde & qui fe plongent dans les
defirs & les plaifirs du monde.

Telle eft cette petite mondaine
reprefentée dans nôtre Emblême.
Le divin amour y paroît en qualité
de Maître pour l'inftruire de fes devoirs & du danger auquel elle s'engage en fuivant fes inclinations
pour le monde. Il luy propofe & luy
fait entendre qu'il y a des plaifirs
innocens qu'elle peut rechercher,
que les biens du ciel doivent être
les objets de fes defirs, & qu'elle
ne peut y parvenir qu'en méprifant
ceux de la terre.

A voir fa contenance il femble
qu'elle refifte aux inftructions de fon
divin Maître, ou fi elle en convient
elle s'excufe fur fes inclinations, fur

fon temperament, fur les engagemens de fon état & fur plufieurs autres pretextes de fon amour propre
qui la portent comme ces oyfeaux à
demeurer dans la fange de fes plaifirs & à s'y engager de plus en plus.

Qu'on eft long-tems, ô divin a-
mour!à decider fur ce point pendant
cette vie, pendant laquelle les fens
ont tant de part dans nôtre conduite,& qu'on a de peine à y perfeverer
quand on s'y eft déterminé ! Que la
chair eft une puiffante ennemie, &
qu'il eft difficile d'en rejetter toûjours également les defirs&les apas?

Prenez garde, ames chrétiennes &
devotes, que le plaifir fenfuel n'ait
point encore trop de part dans vos
affections, & que cette paffion fla-
teufe ne devienne pas l'obftacle à
vôtre converfion ou à vôtre avancement fpirituel.Confultez & écoutez fouvent le divin amour en vous
rendant docile à fes confeils,afin que
par de fages précautions vous vous
rendiez par le fecours de la grace de
Jefus crucifié victorieufe de toute
fenfualité.

Epanchement du Divin Amour

Avec les indigens partageons nos
richesses:
Jamais la charité n'épuise ses lar-
gesses

EPANCHEMENT
du Divin Amour.

C'Eſt un effet aſſez naturel de l'amour que de nous rendre compatiſſans & liberaux envers ceux que nous voyons dans la ſouffrance & dans la miſere. La nature nous y porte d'elle-même, & il ſemble qu'il n'étoit pas neceſſaire que le Maître du divin amour nous en fit un commandement exprés pour nous y obliger.

Il eſt vray que l'homme n'auroit pas eû beſoin d'une loy particuliére pour le porter à de ſi juſtes ſentimens, ſi la nature que Dieu avoit miſe en luy fut demeurée ſaine & dans la pureté de ſon origine ; mais le peché qui a donné lieu au regne de la cupidité & de l'amour propre l'a rendu comme inſenſible envers les autres.

Non seulement il veut être riche,
& à son aise, mais il voudroit encore qu'il n'y eut que luy qui fut
riche & à son aise, ou qui eut ses
commoditez. Rien ne le touche
que ce qui le regarde; & l'obligation de faire l'aumône, toute juste
& raisonnable qu'elle soit, ne luy
feroit pas plaisir s'il n'y trouvoit
quelque satisfaction du côté de son
interest, tâchant toûjours de menager quelque endroit pour dédo-
mager en quelque chose son amour
propre.

Eh! qui peut le retirer de cette
excessive tendresse pour luy-même
& de cette dureté si injuste envers les
autres? Sinon la charité & l'amour
de Dieu qui en est le seul moyen,
étant selon l'Apôtre S. Paul, désin-
teressé. C'est vous, Seigneur, c'est
vous qui nous pouvez donner ce
précieux don, seul capable de nous
rendre vrayment liberaux envers
les autres, en même tems que vous
nous comblez de vos biens, & en
nous remplissant de grace à mesure
.que

que nous nous épanchons dans le
sein de l'indigent.

Ce concours & cette genereuse é-
mulation de la compassion & de la
liberalité de la part de cette amante
& de la charité & des épanchemens
du côté du divin amour, fait en cette Image un spectacle également
agréable & édifiant.

La jeune amante qui y est representée ne craint point de s'apauvrir
en faisant part aux autres si liberalement de ses biens ; puis que ce n'est
qu'aprés qu'on lui a donné, que le
divin amour la porte à donner elle-
même à son tour ; ces aumônes & ces
liberalitez n'étant que les effets de
de cette abondance, dont il la comble tous les jours par un excés de sa
bonté.

Cette verité est apuïée sur le témoi-
gnage & la promesse de nôtre divin
maître, qui exhorte ses disciples à la
liberalité envers leur prochain, les
assurant qu'à proportion qu'ils don-
neront il leur sera donné, & que plus
ils augmenteront la mesure de leurs

G

aumônes & de leurs liberalitez, plus aussi il augmentera en leur faveur ses graces & ses benedictions.

N'oubliez donc pas, ames fidelles, que vôtre genereux & liberal amant en vous commandant l'aumône & la liberalité envers le prochain, condamne en même tems l'amour propre & l'avarice ; & qu'il s'est engagé lui-même à la dépense de la charité qu'il vous ordonne d'avoir pour les autres, dans la juste distribution de vos biens.

Ce devoir ne regarde pas seulement le partage de nos commoditez temporelles, mais encore celui des richesses spirituelles qu'il nous a confiées, afin que nous les répandions & les communiquions aux autres, selon nos talens & les occasions où la religion & la charité nous obligent de le faire.

Personne donc, non personne ne doit s'exemter de la pratique de l'aumône & de la liberalité chrétienne. Que chacun de vous, dit l'Apôtre S. Pierre, rende service à ſon prochain ſelon les biens qu'il a reçus , comme étant de fideles diſpenſateurs des differentes graces & liberalitez de Dieu,

C'eſt en ce ſens, dit S. Auguſtin, que la charité eſt toûjours pleine & abondante, quoique qu'elle ſoit vûide & dépourvûë des biens de la terre. Si nous manquons de ces biens neceſſaires pour le ſoulagement des miſerables ſelon le corps, elle nous porte au moins à les conſoler dans leur état de pauvreté par les témoignages d'une amitié compatiſſante, par nos conſeils , nos ſouhaits & nos prieres. *Semper habet unde det, cui pectus plenum eſt charitate.* In pſalm. 26.

La pieuſe & tendre amante qui paroît dans nôtre Emblême en étoit bien perſuadée , puiſque c'eſt pour ſatisfaire à un ſi juſte devoir qu'elle répand ſi volontiers dans la main des pauvres les biens que le divin amour lui donne avec tant d'epanchement & de liberalité.

Elle eſt en cet état ſemblable, non à ces reſervoirs ou à ces cyternes

qui retiennent les eaux qu'ils reçoivent de leurs ſources, mais plûtôt à
ces baſſins, qui, aprés les avoir reçûës, les répandent ſi liberalement
& avec tant de facilité dans les lieux
qui en ont beſoin.

C'eſt, ames fidelles, ce que vous
devez imiter ſans vous laiſſer ſur-
prendre à ces vaines craintes de
manquer, ny à ces grandes précautions, qui ſont plûtôt les effets de
l'avarice ou d'une défiance exceſſive que d'une prudence chrétienne.

Souvenez-vous, dit S. Auguſtin,
combien ſont grandes les richeſſes
de la charité, puis que ſans elle le riche eſt pauvre, & qu'avec elle le pauvre eſt riche. *Magna divitiæ charitatis,*
ſine quâ dives eſt pauper, & cum quâ pauper
eſt dives.

C'eſt ſur ce principe que S. Am-
broiſe nous aſſure que ceux qui poſſedent tout avec la cupidité ne poſſedent rien. *Omnia poſſidentes & nihil*
habentes : tandis que ceux qui ne poſſedent rien avec la charité, poſſedent tout. *Qui nihil habentes & omnia*
poſſidentes.

Jalousie du Divin Amour

L'ame qui pour son Dieu sent un amour
extreme,
Voudroit que tout mortel aimast celui qu'elle
aime.

JALOUSIE
du Divin Amour.

L'AMOUR humain fait naître ordinairement la jáloufie ou l'envie, parce que cet amour étant le plus fouvent intereffé, la crainte que quelqu'autre ne partage avec nous les avantages que nous atten-dons de ceux que nous aimons de la forte, & de qui nous tâchons de gagner l'amitié, donne lieu à quelque inquietude, & nous caufe une efpe-ce de douleur de voir un rival qui difpute avec nous par fon merite un bienque nous croyons nous être dû fans partage.

L'amour divin, c'eft-à-dire la charité n'eftpoint fujette à cette paffion elle n'eft point envieufe ny jaloufe, dit l'Apôtre S. Paul, parce que fon principal objet étant Dieu même, la fource & la plenitude de tous les

biens, elle nous perſuade qu'il eſt é-
galement liberal& inépuiſable dans
ſes biens, & nous fait concevoir facilement que ſa bonté immenſe &
ſans bornes peut ſans s'épuiſer répandre ſes treſors, & remplir un
chacun, ſans que perſonne en puiſſe
craindre aucun épuiſement à ſon
préjudice.

D'ailleurs comme cette charité é-
galement ardente& lumineuſe nous
fait connoître que Dieu eſt infiniment aimable, & que nos cœurs en
particulier ne peuvent ſuffire au devoir de l'amour qui lui eſt dû : nous
deſironsnon ſeulementl'aimer, mais
encore que toutes les créatures exi-
ſtantes & même poſſibles l'aiment
plus que nous l'aimons, & s'uniſſent
toutes enſemble avec nous pour lui
rendrelejuſtetributdenôtreamour.

C'eſt ce que le maître du divin a-
mour enſeigne à la jeune amante,
en lui faiſant voir la triſte image de
l'envie & de la jalouſie, repréſen-
tées par ces ombres affreuſes, qui,
par les ſerpens qui les environnent

font comprendre quelles font les horribles paffions qui agitent & déchirent les envieux & les jaloux.

Ces paffions font encore bien reprefentées par ces noires fumées qui fortent de ces feux, dont la flâme eft obfcurcie par les fombres vapeurs qui exhalent de leur matiere impure & groffiere.

Telle eft la jaloufie & l'envie à l'égard de l'amour humain, dont la malignité obfcurcit & deshonore ce beau feu de nos cœurs en y caufant de fi funeftes effets.

La Jeune amante victorieufe de cette honteufe paffion, la palme à la main & la charité dans le cœur, affure fon divin amant de la perfection de fon amour, en lui faifant entendre que fi elle l'aime uniquement & fans partage, elle defire encore que tous les cœurs ne faffent avec le fien qu'un feul & même facrifice d'amour à fa gloire.

C'eft dans cet efprit que le Roy Prophete difoit à Dieu: Je prens part, Seigneur, à toutes les graces & à toutes les faveurs que vous avez faites & que vous faites encore tous les jours à ceux qui vous craignent, & qui vous honorent en observant vos commandemens. *Particeps ego sum omnium timentium te , & custodientium mandata tua.*

C'est dans ce même esprit que l'Apôtre Saint Paul témoignoit sa joye de ce que plusieurs préchoient JESUS-CHRIST, quoyque par un esprit de Jalousie contre luy en disant que m'importe pourveu que JESUS - CHRIST soit annoncé. *Modo annuntietur Jesus Christus.*

Et que Moïse répondit à ceux qui lui raporterent que quelques-uns se mêloient de prophetiser : Moderez, leur dit-il, ce grand zele que vous avez pour moy. Je ne m'offense point de ce qu'ils font, & plût à Dieu que tout le peuple fût devenu prophete, & qu'il répandît son esprit sur eux. *Quid, inquit, æmulamini pro me? Utinam omnis populus prophetet, & det eis Dominus spiritum suum.*

C'est ce que vous devez imiter,

ames chrétiennes & religieuses ,
lors que vous voyez les autres avoir
autant ou plus de talens, d'adresse,
de reputation , de ferveur & de
fidelité que vous n'en avez dans la
pratique. de la vertu.

Ces exemples édifians dans les
voyes de la pieté chrétienne, ou de
la perfection religieuse ne doivent
point vous attrister , ny vous causer
de trouble, mais seulement vous donner une St. émulation pour vous porter à sortir de vos imperfections, à
travailler à vôtre avancement dans
la vertu , & à vous acquiter des devoirs de vôtre état avec plus de
précaution , de zele & de fidelité.

C'est ainsi que vous rendrez vôtre jalousie toute innocente & salutaire , & comme en Dieu qui se dit
lui-même un Dieu jaloux ; la jalousie est pleine de paix & de tranquilité , la vôtre aussi à proportion
sera par ce moyen sans inquietude
sans amertume & sans indignation
ne servant qu'à donner à vôtre
commun époux des témoignages

plus ſincéres de vôtre amour &
de vôtre attachement.

Vous aimez, ô mon Dieu ! dit
Saint Auguſtin, mais ſans paſſion,
vous êtes jaloux, mais ſans trouble;
vous aimez à gagner ſans avoir nulle
indigence, & vous exigez du profit de vos dons, en nous prêtant
vôtre miſericorde, ſans être avare.
Amas, Domine, nec æſtuas, zelas &
ſecurus es, nunquam inops & gaudes
lucris, ſemper dives & nunquam avarus.
Lib. 1. Conf. ch. 4.

Generosité du Divin Amour

Sous le joug du Seigneur tout devient á
greable,
Tout poids devient leger, toutte peine est
aimable.

GENEROSITE'
du Divin Amour,

IL n'eſt rien de ſi laborieux que l'amour, & rien qui encourage & ſoûtienne davantage dans le travail que l'amour. En Dieu l'amour opere toutes les merveilles de ſes productions interieures & inéfables, qui font ſon occupation éternelle & ſa felicité ; & ce même amour infiniment fécond & laborieux le fait comme ſortir de lui-même par la création de l'Univers, & par le travail continuel de la conſervation des créatures dans l'ordre de ſa providence. C'eſt ce qui a fait dire à nôtre divin Sauveur que ſon Pere depuis le commencement juſqu'à ce jour, ne ceſſe point de travailler.

Dieu, en formant le premier homme, luy a donné de l'amour pour le travail, & il s'y fût employé dans le Paradis terreſtre ſans

G vj

troubler ſon repos , ny ſa joye ,
parce que la terre qu'il y devoit
cultiver eût répondu pleinement à
ſon attente & à ſes deſirs.

Depuis le peché cette obligation
au travail lui eſt devenuë comme
un poids accablant , & preſque inſuportable , parce que Dieu ayant
donné ſa malediction à la terre , &
l'ayant remplie de ronces & d'é-
pines , elle eſt devenuë ingrate à
ſa culture , & il n'y a que l'amour
de la vie qui luy en fait ſuporter
les incommoditez & la fatigue.
Ce travail exterieur ſenſible & tem-
porel, auquel l'homme eſt reduit de
puis le peché , & qui lui paroît ſi
dur & ſi pénible eſt l'image du travail ſpirituel , auquel nous ſommes
tous obligez de nous employer pour
la reformation de nos mœurs , &
pour nous acquitter de nos devoirs.

C'eſt dans cet eſprit que le Saint
Apôtre ne ſe contente pas de pré-
cher aux peuples l'Evangile de Jeſus - Chriſt , il ajoûte à ce travail
celui de la mortification , de peur

qu'ayant prêché aux autres les moyens du ſalut, il ne ſoit reprouvé luy-même.

En effet, quels efforts & quelles violences n'eſt-on pas obligé de ſe faire pour éviter les tentations, pour reſiſter aux charmes de la volupté, aux artifices du Demon, à la malignité & aux ſcandales du monde ?

Nous avons beſoin, Seigneur, du ſecours de vôtre amour & d'une charité toûjours agiſſante & laborieuſe pour ſatisfaire à de ſi preſſantes obligations, & pour entreprendre & conſommer une œuvre auſſi précieuſe qu'eſt celle de nôtre perfeƈtion & de nôtre ſalut. Ne nous la refuſez pas, puiſque ſans elle tous nos efforts ſeroient inutils pour y réuſſir.

C'eſt par le défaut de cet amour que ceux des Juifs qui ne s'occupoient que des biens temporels, & qui n'agiſſoient que par la crainte de les perdre, ou d'en être privez, regardoient la Loy de Dieu com-

me un joug infuportable ; au lieu
que les Chrétiens qui font animez
de l'amour de la juftice, c'eft-à-dire,
de tout ce qui eft jufte , trouvent
& goûtent des douceurs dans cet
amour qui leur fait furmonter toutes les repugnances de la nature
corrompuë dans la pratique de fes
regles.

La jeune amante qui eft invitée
à ce labeur fpirituel, en fait volontiers l'experience en recevant de
fon divin Maître les inftrumens de
fon travail.

La toifon d'un bœuf & la bêche
qui lui font prefentez font les fymboles de l'agriculture qui, dans l'ordre des chofes temporelles, eft celui des travaux qui tient le premier
rang, & demande la preference au
deffus des autres occupations que
la vanité & la moleffe ont intro-
duites dans le monde ; lui faifant
connoître par ce moyen l'obligation de commencer le travail de la
vie fpirituelle par la fidelle pratique des Commandemens de Dieu

& des principales regles de l'Evangile.

Vous êtes invitez, ames fidelles,
à ce même labeur pendant cette
vie par le divin amour. Ne vous
rebutez pas d'un travail qui vous
doit être si utile & si honorable :
le divin amour qui vous y appelle
vous y fera trouver des facilitez
& des douceurs qui vous rendront
par l'onction de la charité sainte
son joug suave & son fardeau leger.

Sans donc vous décourager de
la difficulté ou de la longueur de
ce travail pendant toute la vie, imitez ceux qui cherchent un tresor ;
plus ils ont déja creusé, plus ils
continuent avec ardeur dans le desir & l'empressement qu'ils ont de
le trouver, dit le saint homme Job,
quasi effodientes thesaurum.

Ou bien imitez ces Atheletes qui,
pour obtenir le prix qui leur est
proposé, employent tous leurs efforts pour le remporter, en gardant même à ce sujet, dit le saint
Apôtre, une exacte temperance,

quoyque ce ne soit que pour gagner une couronne corruptible, au lieu que nous en attendons une incorruptible.

Souvenons-nous donc, ames fidelles, des paroles du même saint Apôtre qui nous exhorte tous également à travailler sans relâche & avec une ferveur toûjours nouvelle à cette œuvre importante & précieuse qui doit contribuer en même temps à la gloire du divin amour, & à vôtre propre perfection & salut. *Sollicitudine non pigri, spiritu ferventes, Domino servientes.*

Friuts du Divin Amour

Jamais la charité ne peut etre sterile,

Ainsi l'arbre excellent en bons fruist est

fertile.

2

FRUITS
du Divin Amour.

L'Amour qui regne en nous fait nôtre richeſſe ou nôtre pauvreté. Si c'eſt la cupidité, comme elle eſt, dit le Sage, la ſource de tous les vices & de tous les pechez, elle nous dépoüille par conſequent de tous les biens & nous accable de tous les maux.

Si au contraire c'eſt la charité, comme elle eſt la ſource de toutes les vertus & le principe de tout merite, elle nous aſſûre contre tous les maux en nous comblant de tous les biens.

Tout nôtre ſoin eſt donc de nous attacher à bien regler nôtre cœur qui eſt la demeure de ces deux amours ſi differens; afin qu'en baniſſant de nos ames la marâtre cupidité nous y faſſions regner la charité, cette mere feconde en toutes ſortes de biens.

Elle n'est pas elle-même seulement une vertu particuliere, mais elle est encore la racine de chaque vertu ; car, selon saint Gregoire, comme plusieurs branches sont produites par la racine d'un seul arbre, de même plusieurs vertus sont produites par la charité ; & nulle action vertueuse n'a de vie & de perfection qu'autant qu'elle est produite & qu'elle demeure attachée à la charité au moins commencée, cette bienheureuse racine de tout bien & de toute perfection.

C'est pourquoy nôtre divin Maître a renfermé tout ce que la Loy & les Prophetes ont recommandez de faire dans le seul precepte de la charité, parce que tous les autres preceptes en détail n'en sont que les devoirs, & ils ne trouvent leur appui & leur merite que dans ce principe divin qui en est le fondement, la force & la vie. *Sicut enim multi arboris rami ex unâ radice prodeunt: Sic multæ virtutes ex unâ charitate generantur, nec habet aliquid viriditatis ra-*

mus boni operis, si non manet in radice charitatis.

· Deux amours disputoient le cœur de cette amante, l'amour humain & l'amour divin, celui-ci s'en étant enfin rendu le maître a triomphé de son cœur, & l'a rendu elle-même victorieuse du premier dont elle rejette les sentimens & les œuvres comme des fruits de mort & de malediction.

Toute transportée de joye de se voir delivrée de sa servitude, elle en témoigne sa reconnoissance à son bienfaiteur qui, l'accompagnant par tout, lui fait produire des œuvres de grace & toutes sortes de vertus qui deviennent le tresor de son cœur. & la consolation de son ame.

C'est en cet état qu'elle porte toutes ces richesses comme en triomphe à la gloire du divin amour, les regardant encore plus comme des faveurs de sa bonté que comme des fruits de son travail.

La foy, l'esperance & la reli-

gion, la force, la prudence & l'o-
béïffance y paroiffent fur tout fous
leurs differens fymboles, & font
un fpectacle auffi édifiant qu'il eft
agreable.

De forte que comme les branches de ces arbres qui s'élevent
dans l'air, & s'étendent avec tant
de majefté, font honneur à la racine qui les a fait naître, & leur
donne cette beauté qui embel-
lit · & orne nos Jardins & nos
campagnes : de même toutes ces
differentes vertus qui font repre-
fentez dans ce pannier font encore plus d'honneur à la charité, cette glorieufe racine, qu'elles ne
donnent de fatisfaction à cette
amante, étant perfuadée que toutes ces richeffes fpirituelles font
plus les fruits de la fecondité de
cette vertu, que de fa propre fidelité.

·Ces fentimens fi juftes & fi religi-
gieux doivent bien nous apprendre
à retrancher de nos cœurs toutes
ces complaifances delicates qui ne

ous furprennent que trop fouvent
dans nos meilleures actions, en nous
mettant en dangerd'en perdre tout
le merite & la recompenfe : au lieu
de nous les rendre falutaires en les
raportant à Dieu à qui la gloire eft
duë, puifque, felon le faint Apôtre, nous n'avons de nous-mêmes
que le menfonge & le peché, &
que tout don parfait & capable de
nous perfectionner, ne peut venir
que du pere des lumieres qui en
eft la feule & veritable fource. *Om-*
ne donum perfectum defurfum eft, def-
cendens à patre luminum &c.

C'eft la conduite que vous devez tenir, ames fidelles, dans la
pratique des vertus que vous avez
déja acquifes, & de celles que vous
tâchez d'acquerir, en reconnoiffant
que c'eft la charité que Dieu a mi-
fe en vous par un effet de fa bonté
toute prévenante ; qui devient en
nous cet arbre de benediction qui
ne peut porter de mauvais fruits,
dit nôtre Seigneur, & qui nous met
en état d'en porter de bons.

Cette reconnoissance est non seu
lement de justice, mais elle est en
core un moyen d'augmenter ce
précieuses richesses de nos ames
par de nouveaux bienfaits ·de la
part de nôtre divin amant qui donne à proportion qu'on lui raporte
là gloire de ses dons.

Vous devez en user toûjours ainsi
que nôtre amante qui en fait present si volontiers au divin amour,
lequel veut bien pareillement par
un excés de bonté partager avec
elle le merite de cette offrande,
en couronnant en même tems, dit
saint Augustin, & nos merites &
ses propres dons. *Coronans simul &*
merita nostra & dona sua.

Chatimens du Divin Amour

Aimons des maux présens la rigueur Sa
lutaire ;
Souvent pour nous guerir Dieu nous châ
tie en pere.

28

CHATIMENS
du Divin amour.

L'Ordre & la beauté de l'Univers, dit faint Auguftin, ne
peut fouffrir que le dereglement &
la honte du peché fubfifte un feul
moment fans l'honneur de la ven-
geance du Créateur ; car, dit ce
faint Pere, la gloire & la beauté
de la juftice eft fi grande & fi inviolable, qu'on ne fçauroit s'en éloigner qu'en même tems on ne tom-
be dans la confufion & dans la mifere.

Non patitur hanc maculam univerfalis
pulchritudo, nec in eâ peccati dedecus effe
poteft abfque decore vindiƈæ : quia tanta
eft gloria juftitiæ, ut nemo poffit ab eâ
difcedere, nifi ad ignominiam & mife-
riam.

Cette obligation de fubir la peine dûë au peché qu'on a commis
eft indifpenfable, parce que com-

me le juſte par ſes bonnes œuvres eſt digne de recompenſe, de même le pecheur merite d'être puni à cauſe de ſon peché.

Le fond de cette obligation n'eſt point dans le corps ny dans l'ame de celui qui a commis le peché. Elle eſt, dit ſaint Auguſtin, dans les ſecrets & dans les treſors de la Loi éternelle de Dieu qui ne permet pas qu'aucune iniquité demeure impunie, ſinon celle qui eſt expiée par le ſang du Mediateur.

Perſonne, dit ce ſaint Docteur, n'eſt au-deſſus des loix du Createur tout-puiſſant. Il n'eſt point permis à la creature doüée de raiſon & de liberté de manquer à ce qu'elle doit à ſon auteur. Elle s'en acquite, ou en uſant bien de ce qu'elle a reçu, ou en le perdant par l'abus qu'elle en a fait. De ſorte que ſi elle vient à ne pas rendre à ſon Createur ce qu'elle lui doit, en faiſant ce qui eſt juſte, elle le rendra en ſouffrant la miſere. *Itaque ſi non reddit faciendo juſtitiam, reddet*

det patiendo miseriam.

Ces principes sont le fondement
& la cause de tous les maux qui
nous arrivent, & de tous les châtimens que Dieu exerce sur les
hommes pendant cette vie & aprés
leur mort, soit qu'il agisse en qualité de pere ou en qualité de Juge.

Car comme un Pere de famille
qui a dans sa maison des enfans &
des valets, se sert contre les derniers du bâton pour les punir, &
contre les premiers de la verge pour
les corriger. De même Dieu distin-
gue dans ses châtimens les serviteurs d'avec les enfans, il punit
ceux-là dans sa colere en punissant
ceux-cy dans son amour.

C'est ce qui doit porter les vrais
Chrétiens, qui sont les enfans de
Dieu, à recevoir de bonne part les
châtimens & la correction de Dieu
qu'ils doivent regarder comme leur
Pere.

Les valets & les serviteurs ne
peuvent souffrir que leurs maîtres
les punissent ; & ils aiment mieux

H

quitter leur fervice , parce qu'en cette qualité de ferviteurs ils ne prétendent rien dans la maifon que leurs gages & leurs appointemens.

Les enfans fe conduifent autrement , ils pleurent á la verité quand on les châtie , mais bien moins du mal qu'on leur fait , que de la faute qu'ils ont commife. Ils fçavent que leur châtiment eft plus un effet de l'amour de leur pere , que de fa colere. Semblable à un medecin charitable qui perfecute la maladie pour guérir le malade fans avoir égard à fes cris ny à fes plaintes , étant perfuadé que c'eft ainfi que Dieu les exerce & les corrige en cette vie de peur de les punir dans l'autre. *Medicus non amat agrotantem , fi non odit agritudinem ; ut liberet agrotum , perfequitur febrim. Sic pater quando ferit amat , quare ? quia pater eft , & quia hereditatem parat ; ideò feriendo pius eft.*

Ce pere amoureux ne fe contente pas cependant de châtier fes enfans par les feules peines exte-

rieures, ils les châtie encore par
des peines interieures, & sur tout
par la sainte componction qui est
proprement la flagellation du cœur
& dont le Saint-Esprit est l'auteur,
étant appellé dans les saints livres
l'esprit de gemissement & de componction, *Spiritus gemens*, parce qu'il
nous fait gemir sur nos pechez par
la penitence.

C'est principalement par cette
flagellation spirituelle & interieure
qu'on satisfait à sa justice, parce
que c'est le cœur qui a le plus de
part dans le pechez que l'on com-
met.

Cette verité paroît sensiblement
dans nôtre penitente, elle est à
deux genoux à terre les mains jointes & toute confuse devant son
amour crucifié. Elle est en cet état
toute occupée de ses infidelitez,
elle se prépare à tous les châtimens
que le divin amour va exercer sur
elle, & respectant sa juste severité,
elle peut dire avec le saint Prophete : Je suis, ô divin amour, je suis

preparée aux châtimens de vôtre
juſtice amoureuſe. Il ſuffit que vous
ſoyez devant mes yeux pour être
l'objet de ma douleur dans le ſouvenir de mes fautes, & pour acce-
pter les juſtes rigueurs de vôtre
amour.

Imitez, ames chrétiennes, cette
penitente de l'amour. Pleurez ſous
la main de vôtre pere & de vôtre
Juge, puiſque ſes châtimens ſont un
remede à vos pechez & non pas une
condamnation : gardez-vous bien
de refuſer la verge, ſi vous ne voulez être rejettez de l'heritage ; ne
conſiderez pas quelle peine vous
endurez, mais quelle place vous
tenez dans le teſtament de vôtre
pere. *Noli attendere quam pœnam habes
in flagello, ſed quem locum tenes in teſta-
mento.*

Tranquilité du Divin Amour

La paix est pour le juste, et nulle ad =

versité

Ne trouble la douceur de sa tranquilité,

TRANQUILITÉ
du Divin Amour.

O VOUS qui commencez à chercher le royaume de Dieu &
sa justice ? venez & admirez les prodiges. que le divin amour a fait
dans cette amante. Il a quitté son
carquois, & il n'a plus d'arc pour
marque de sa victoire ; & nôtre
amante de son côté n'en a plus aussi
pour marquer sa défaite, & qu'elle est devenuë sa conquête.

Ah ! combien de traits de son
amour n'avoit-il pas decoché contre son cœur toûjours rebelle , &
toûjours esclave de son propre a-
mour , qui l'éloignant de Dieu &
de ses devoirs, la portoit dans un
honteux égarement & ne lui don-
noit aucun repos ?

Enfin le divin amour en est devenu le maître, il en a pris posses-
sion, la voilà vaincuë, & devenuë
elle-même victorieuse de tout ce

H iij

qui s'oppofoit à fon bonheur & à fa tranquillité.

C'eft à prefent qu'elle peut dire avec le Roy Prophete, Vous êtes, Seigneur, le Dieu de mon cœur & mon partage pour jamais. Toute ma gloire & tout mon bonheur eft de m'attacher à vous, & rien ne vous eft comparable fur la terre, ô divin amour ! *Deus cordis mei.* &c.

Dans cette charmante tranquillité elle ne penfe plus qu'a feliciter fon aimable vainqueur & qu'à goûter avec luy la douceur d'une paix qui ne fe peut exprimer, elle eft devenuë elle-même comme un jardin de delices, ou comme un ciel interieur & fpirituel où les paffions & les démons n'ont plus d'accés ni d'empire.

De concert avec fon divin amant, elle porte une branche d'olivier qui eft le fymbole de la paix & de fa parfaite reconciliation. Elle eft affife auprés de luy pour luy en marquer la fincerité & combien fera inviolable fon attachement pour tout ce qui contribuera à fa gloire & aux desseins de sa charité envers elle.

C'est dans ces transports de sa juste reconnoissance que le divin amour luy fait part de sa tendresse, en l'assurant de sa protection contre tout ce qui seroit capable de la traverser dans ce doux & saint commerce.

Combien de fois, ah! combien de fois, ames innocentes, ou pleinement reconciliez par la penitence avez-vous fait l'experience de ces bons traittemens du divin amour? & quelles caresses n'en avez-vous point reçûës dans les precieux momens de ses visites & de ses consolantes familiarités dans vos oraisons ou dans l'usage des Sacremens de son amour? Je ne m'étendrai pas davantage sur ces mysteres de sa charité qui demandent plûtôt un respectueux silence que mes paroles.

De toutes ces pieuses remarques nous pouvons conclure que tous les troubles dont nous sommes agitez, & que toute la tranquillité que

nous goûtons ne viennent préciſement que des differens amours qui
dominent dans nos cœurs. Si c'eſt
l'amour humain , c'eſt-à-dire l'a-
mour propre qui regne en nous ,
nous ne devons en attendre que de
l'inquietude & du trouble , parce
que l'objet principal de cet amour
étant nôtre propre intereſt qui
depend de choſes ſujettes à toutes
ſortes d'évenemens contraires; il ne
peut par conſequent faire naître en
nous que des agitations & des mouvemens qui ne nous permettent
point de joüir d'aucun vray repos.

L'amour divin au contraire qui
nous rend independant de toute
proprieté , & qui nous porte à chercher en Dieu ſeul les vrays biens
de nôtre ame , nous fait par ce
moyen trouver le calme & la tranquillité , qui eſt, ſelon ſaint Auguſtin , le fruit du bon ordre que cet
amour met en nous par cette juſte
ſubordination. *Pax tranquillitas ordi-
nis.*

C'eſt ce qui a fait dire a un Prophete que la paix eſt l'ouvrage de

la justice, que c'est en sa beauté que
repose l'ame du juste, & je puis
ajoûter l'ame des penitens, qui, a-
prés avoir satisfait à la justice divine par leurs humiliations & par une
vive douleur de leurs pechez, goûtent les douceurs de leur reconciliation dans une securité pleine de
confiance, de respect & de joye.

Cette tranquillité est à peu prés
semblable a celle qui se trouve a-
prés la conquête d'un païs & les
habitans subjuguez, l'orsqu'un chacun se repose sous son figuier & auprés de sa vigne dans une parfaite
securité, ou à celle que goûte un
enfant aprés s'étre reconcilié avec
son pere, lors qu'il en reçoit de
nouveaux témoignages de bonté
& de tendresse.

Telle est la joye, la consolation
& le repos que goûte cete amante
aprés sa reconciliation avec le divin
amour qui luy renouvelle son amitié, & luy fait part de ses plus tendres caresses. Elle en paroît si penetrée, qu'elle semble comme ou-

H v

blier son premier état de penitente pour ne plus penser qu'à celuy
d'amie & d'épouse , dont elle est
honorée par les marques d'estime
& de bonté de son bienfaiteur.

C'est le sort que vous devez attendre de la part du divin amour,
ames chrétiennes , si vous imitez
cette amante dans ses humiliations,
& la sincerité de sa conversion, en
faisant succeder aux dereglemens
de son amour , l'amour de toute justice & le soin de plaire à Dieu , à
l'empressement que vous aviez de
plaire à la creature.

Vous n'en devez point douter, les
exemples en sont communs dans les
divines écritures , & vous ne l'avez
peut-être que trop experimenté
vous-mêmes dans de semblables occasions où Dieu vous a fait goûter
la grande étendue de ses douceurs,
dont il comble ceux qui le craignent de cette crainte chaste & a-
moureuse qui fait leur joïe & leur
bonheur , selon le saint Prophete.
Quàm magna multitudo dulcedinis tuæ,
quam abscondisti timentibus te.

Tendresse du Divin Amour

Nous croyons, nous aimons, et la vive
esperance
Des biens que nous cherchons nous donne
l'assurance.

3º

TENDRESSE
du Divin Amour.

IL n'y a rien qui soit plus capable de nous porter au travail, & de nous soûtenir dans nos peines que l'esperance de quelque bien qui nous est promis & que nous attendons.

C'est dans l'esperance de la recolte que le Laboureur cultive la terre, qu'il seme & qu'il s'expose aux incommoditez des saisons & aux injures de l'air.

C'est le desir & l'esperance de la santé qui porte le malade à endurer le fer & le feu, & à prendre les breuvages les plus amers.

L'esperance de la victoire expose le soldat & le guerrier aux fatigues de la guerre & au peril de la mort ; & c'est dans l'esperance de quelque soulagement ou de quelque changement d'état que les plus

H vj

miferables dans l'accablement de leurs maux trouvent quelque confolation.

L'efperance eft donc à l'égard de nôtre ame, dans fes peines & fes agitations, ce que l'ancre eft à l'égard du vaiffeau dans la tempê-te, en nous empêchant de tomber dans l'abyme du defefpoir dans les occafions les plus defolantes ; enfin l'on peut dire qu'elle eft un remede univerfel pour nous foûtenir dans toutes les adverfitez de la vie prefente.

C'eft ce qui a fait dire ingenieufement à quelques anciens que, fi Dieu à rempli la fameufe bouëte de Pandore dé toutes fortes de maux, il les a auffi fait couler à fond par le feul remede de l'efperance.

Mais fi ce fecours dans les chofes humaines eft fi puiffant pour nous foûtenir dans nos peines , & nous encourager dans nôtre travail. L'efperance chrétienne , ce fecours divin, cette vertu infufe & furnaturelle ; cette tendreffe du divin amour, ne fera pas moins capable de nous faire entreprendre le labeur penible de toutes les vertus les plus aufteres, & de nous faire fupporter les afflictions les plus ameres dans l'attente des biens qui nous font promis dans le Ciel.

Rien, non rien n'eft plus capable d'exciter le courage des Chrétiens dans le travail de la vertu & dans les maux de cette vie, que ce fecours divin. Les Penitens dans les deferts, les Vierges dans les cloîtres, & les Martyrs fur les échafaux, en font des exemples fameux & des preuves inconteftables. Cette force admirable qui a paru dans ces Heros de la penitence chrétienne, & de l'amour de la verité, n'étoit pas fondée feulement fur les promeffes des biens futurs, mais elle étoit encore établie fur l'attachement à leurs devoirs & fur le foin d'accomplir fidellement les conditions de ces promeffes. Ces deux chofes enfemble affurant en eux leur efperance divine & furna-

turelle qui ne confond point, selon
l'expression du saint Apôtre.

Elle étoit dans leur cœur, dit S.
Jean Climaque, comme l'épée entre les mains du guerrier pour combattre & mettre en fuite le découragement & la paresse. Elle étoit
en eux comme un tresor qui les
combloit de toutes les richesses de
la patience, de la douceur , & d'une
soumission parfaite aux volontez
divines, dans leurs plus grandes é-
preuves.

Enfin elle étoit comme la porte
qui les faisoit entrer dans cette charité heroïque , ou dans cet amour
victorieux qui les mettoit dans une
confiance merveilleuse de posseder
les biens futurs qu'ils attendoient
du souverain Maître , en couronnant en eux & sa justice & son a-
mour par l'accomplissement de ses
promesses.

Ames timides & incredules qui
vous découragez dans les moindres
difficultez , vous faites bien connoître que ce n'est que l'espe-

rance des chofes humaines qui vous
touche & qui vous anime, & que
vousne cherchez que les biens temporels, dont l'eftime & l'amour que
vous en avez vous caufent tant de
troubles, & dont la privation & la
perte vous font fi fenfibles.

: Ou fi c'eft l'efperance des biens
futurs, ce n'eft qu'une efperance
fuperficielle qui n'a aucun appuy,
& qui doit vous confondre par le
témoignage de vôtre propre confcience qui vous accufe de lâcheté
& de pareffe fur les moyens que
vous negligez de prendre pour la
rendre certaine.

Ouvrez donc vos cœurs à l'efperance chrétienne, à cette efperance amoureufe, laborieufe & é-
prouvée, afin qu'elle devienne vôtre force, vôtre appuy, & comme
une delicieufe mammelle pour y
puifer le lait d'une fainte confolation dans toutes vos peines & vos
épreuves.

Regardez ce que le divin amour
fait en faveur de nôtre amante. Il

ne fe contente pas de luy promettre des biens futurs, il veut encore
par une condefcendence toute pleine de charité luy faire goûter dés
cette vie par le don de l'efperance
fes plus tendres confolations; il luy
montre à cet effet le Ciel, & en
même tems ce vaiſſeau qui flote fur
cette mer agitée, dont les Nau-
tonniers fe tranquilifent par l'efperance d'arriver au port.

C'eſt ainfi que vous calmerez
vos troubles dans vos plus grandes
difgraces & perils, & que vous vous
encouragerez dans la pratique des
vertus les plus aufteres, fi en vous
fouvenant de fes promeſſes vous
avez recours au divin amour qui eſt
l'auteur & le confommateur de nos
efperances, dit le faint Prophete.
Spes mea Deus in æternum.

Diligence du Divin Amour.

Dans le chemin du ciel il faut toûjours
courir ;
Qui s'arreste un moment, est tout prest
á perir.

DILIGENCE
du Divin Amour.

L'Amour divin qui nous appelle à la perfection de la vie chré‐tienne, nous invite en même tems à un continuel travail pour deux raiſons.

La premiere ſe prend du côté de la vie chrétienne, dont la perfe‐ction demande un continuel exer‐cice dans la vertu qui ne ſe trouve jamais durant cette vie ny complet‐te, ny dans une entiere ſecurité.

La ſeconde raiſon ſe prend du côté de l'homme qui, n'étant pas dans un etat de ſtabilité à l'égard du bien, ny hors de danger de tomber dans le peché, doit toû‐jours être ſur ſes gardes & faire de noûveaux efforts, ſoit pour s'avan‐cer, ſoit pour ſe maintenir dans la vertu en rendant de plus en plus ſa charité pure & courageuſe dans l'exercice des œuvres de la justice chrétienne.

Le sentier du juste, dit le Sage, est comme la lumiere du matin qui s'avance & croît jusqu'au jour parfait : de sorte que si nous manquons à nous avancer & à croître dans la charité & dans la pratique des bonnes œuvres en quoy consiste cette perfection, nous devons craindre de ne pas marcher dans le sentier des justes, mais dans celui des pecheurs, des tiedes & des lâches, dont la voye ressemble à la lumiere du soir qui baisse de plus en plus, & qui se perd enfin tout-à-fait en les laissant dans les tenebres d'une profonde nuit.

C'est alors qu'il arrive à leur égard ce qui arrive aux plantes qui, ne prenant point d'accroissement aprés qu'elles sont sorties de la terre, languissent & meurent bien-tôt. De même aussi lorsque nôtre foy & nôtre charité n'augmentent point, aprés nous avoir fait sortir du peché, on peut craindre qu'elles ne nous abandonnent à nôtre langueur qui nous conduit à un nouvel état de mort plus funeste que le premier.

‘ Il faut donc imiter ceux qui defirent avec empreffement de parvenir au lieu où ils fe font propofé d'aller pour y trouver un riche & glorieux établiffement, rien ne les arrête, & ils fentent toûjours en eux une nouvelle ardeur pour avancer jufqu'à ce qu'ils foyent parvenus à ce bienheureux terme. C'eft ainfi que le Prophete Elie fut encouragé par les paroles de l'Ange & par les petits fecours qu'il luy prefenta, afin de le relever de fon abbatement & qu'il continuât fon voyage jufqu'au lieu où il eût le bonheur de joüir de la prefence de Dieu.

Il n'y a point de milieu pendant cette vie mortelle , dit faint Bernard ; entre le progrés & le relâchement ; fi l'on ne s'avance point dans le chemin de la vertu & de la perfection qui convient à nôtre

état, on recule , on s'égare & on
ſe perd, dit ce ſaint Docteur. *Non*
progredi , eſt regredi.

C'eſt pour éviter ce malheur
que le divin amour éxhorte cette
amante à bannir de ſon cœur la
pareſſe repreſentée par cette tor-
tuë, qui par ſa lenteur en eſt le
ſymbole.

De concert avec cette courageuſe amante:ils la hâtent de marcher,
le divin amour avec ſon arc & nôtre amante avec le fouët. Le divin
amour ſe ſert de ſon arc, aprés
avoir inutilement employé ſes fléches, pour nous apprendre que les
ames lâches & pareſſeuſes ne ſont
guéres ſenſibles aux impreſſions interieures du divin amour , & qu'il
faut pour les exciter à s'avancer
dans la vertu les motifs les plus
preſſans & les diſgraces les plus ſenſibles pour les y engager.

L'amante ſe ſert de ſon côté du
fouet de la mortification pour nous
faire entendre qu'il ne ſuffit pas
de faire quelques bonnes œuvres

& de s'adonner à quelques pratiques de pieté pour avancer dans
la vertu ; mais qu'il y faut ajoûter
de salutaites mortifications à l'e-
xemple de l'Apôtre saint Paul qui
joignoit à ses travaux apostoliques
une continuelle mortification de
sa chair & de sa propre volonté.

Ces moyens sont d'autant plus
necessaires qu'il n'y a en nous que
des obstacles à la vertu & à nôtre
perfection : en effet, de la part de
nôtre esprit que de vaines pensées,
que de jugemens temeraires & que
de projets extravagans ; du côté
de nôtre volonté que de foiblesse
& de repugnance pour le bien ;
que de panchant vers les creatures, & d'inclination pour le mal.

Dans l'appetit cette partie infe-
rieure de nôtre ame, que de revolte contre la raison, que de mouvemens & de passions qui nous agitent & nous corrompent ? Nos
amours font dereglez, nos haines
injustes, nos joyes font folles, nos
tristesses mortelles, nos pourfuites

aveugles & nos fuites honteuses.

A l'égard du corps & des sens,
que de defirs du peché, que de
penchant & d'inclination au peché?
On ne peut se défendre de ses im-
preffions seditieuses & de sa malignité ; & c'est ce qui fait gemir
tous les justes mêmes dans le vif
sentiment de cette tyrannie.

Tous ces obstacles, ames fidelles, demandent de nous de conti-
nuels efforts pour nous opposer à
tous ces obstacles qui nous arrêtent
dans le travail de la perfection, à
laquelle nous sommes appellez
d'autant plus, dit saint Ambroise,
que le S. Esprit n'accorde sa grace
qu'à ceux qui répondent par leurs
efforts aux empreffemens de son
amour. *Nescit tarda, &c.*

Regle du Divin Amour

La Sainte charité la regle de nos
coeurs.
Redresse nos defauts, aplanie nos hau-
teurs.

REGLE
du Divin Amour.

L'Homme fur la terre eft à l'é-
gard de la vertu & de fon falut femblable à un artifan qui a
befoin de regle pour proportioner
toutes les pieces & les parties qui
doivent compofer fon ouvrage.

Le divin amour dans l'ordre de
la vertu & du falut eft la regle fûre
qui doit fervir à mefurer & à proportioner tout ce qui doit entrer
dans cet ouvrage fpirituel & divin.

Il n'y a perfonne qui n'ait befoin
de ce niveau & de cette regle divine. Rien ne fe doit entreprendre,
& rien ne fe doit faire indépen-
dament de fon fecours & de fon
mouvement.

Elle nous fait remarquer jufqu'aux
défauts & aux fuperfluitez les plus
cachez & les plus imperceptibles
de l'amour prophane ou de l'amour

propre , dont les maximes & les regles trompeuſes , nous éloignent
de nos devoirs dans la conduite de
nos mœurs & de la perfection chrétienne.

Sans cette regle nôtre vertu n'eſt
qu'une grimace , un phantôme &
un amas de paſſions qui ne peut
former en nous qu'un cahos ſans
proportion , ſans ordre , ſans beauté , ny ſolidité.

C'eſt le divin amour , cet architecte incomparable , qui doit dreſ-
ſer & qui doit placer dans cet ouvrage de grace tout ce qui doit le
former & le compoſer , & c'eſt ce
qui eſt repreſenté dans nôtre emblême.

L'amour divin qui y paroît , a
quitté ſon arc & ſon carquois aprés
avoir gagné le cœur de cette amante , & l'avoir retiré des vaines &
dangereuſes occupations des gens
du ſiecle , pour ne plus l'occuper
qu'à regler ſa conduite ſelon les
loix de la charité ſainte qui eſt le
principe & la regle de toute œuvre
parfaite.　　　　　　　　　Il

Il eſt aſſis ſur un amas de pierres taillées & toutes preparées pour la conſtruction de quelque édifice important, & il tient cette poſture pour marquer l'état ſtable & aſſûré de cette amante pour travailler à ſa perfection ; & toutes ces matieres differentes préparées ne ſignifient autre choſe, ſinon toutes les differentes vertus qui doivent entrer dans cet ouvrage d'amour, auquel elle a pris reſolution de s'appliquer ſerieuſement & tout de bon.

Toute occupée de ce deſſein, elle conſulte le maître de cet ouvrage ſur tout ce qu'elle a à faire pour y réuſſir. Elle en reçoit les avis avec docilité, & il luy prête ſecours en tout ce qu'elle a beſoin de ſon miniſtere pour la conduire & l'aider dans ſon entrepriſe.

L'établi ſur lequel elle regle & conduit ſon ouvrage eſt la foy qui en eſt le fondement ; le rabot repreſente la mortification qui doit retrancher en elle toutes les ſuper-

fluitez de l'amour propre, & la regle,
dont elle doit fe fervir, n'eft autre
que la charité, fans laquelle tout
édifice en matiere de perfection &
de falut eft informe & ruineux, ne
fervant qu'à nous féduire & qu'à
nous accabler de confufion.

C'eft, ames chrétiennes & religieufes, fur quoy vous devez bien
ferieufement refléchir durant le
cours de la vie fpirituelle, à laquelle vous devez toutes travailler
felon vos differens engagemens.

Vous devez donc premierement
vous établir dans la foy qui eft le
fondement de tout édifice fpirituel, enfuite vous devez pratiquer
la mortification de vos fens, de vos
defirs dereglez & de vôtre propre volonté, qui en eft le plus
grand obftacle, & prendre fur tout
& en toutes chofes la regle de la
charité, puifqu'il eft dit que la foy
même eft morte, & que les autres
vertus font infructueufes fans fa
prefence & fon operation.

L'Apôtre S. Paul nous apprend

cette verité, lorsqu'il dit que les
moindres actions en apparence
font très-grandes, si nous les faifons par le mouvement de cette
vertu foncière & principale ; &
qu'au contraire les plus grandes en
apparence, ainfi que la prophetie, le don de faire des miracles
& le martyre même nous deviennent inutiles, si nous les faifons
par un motif purement humain &
fans la charité.

Et par tant, comme cette vertu
eft effentielle à toutes les autres &
qu'elle renferme le prix & le merite de toutes celles qui peuvent
& doivent fervir à nôtre perfection
& à nôtre falut, il convient par
confequent de n'en pratiquer aucune fans fa participation, si nous
voulons réüffir dans l'œconomie de
cette œuvte fi importante & fi ne-
ceffaire.

Le même faint Apôtre en fait
le caractere, par cette excellente
defcription qu'il nous en fait dans
fa premiere Epître aux Fideles de

Corinthe, & elle nous doit ſervir
d'une excellente inſtruction pour
faire un juſte diſcernement des
vertus , & pour éviter les défauts
qui ſe peuvent trouver dans leur
exercice. 1. *Cor.* 13.

C'eſt ſans doute à quoy le divin
amour exhorte cette amante , &
c'eſt en même tems. la conduite
qu'elle doit tenir elle-même ſi elle ne veut pas travailler en vain
dans ſon entrepriſe.

Allez donc , ames chrétiennes
& deſireuſes de vôtre ſalut & de
vôtre perfection , allez à ce divin
Maître pour apprendre des leçons
d'amour , & quelle doit être la
ſainteté & la perfection qui doit
vous animer & vous conduire dans
toutes les pratiques, les exercices
& les actions qui doivent concou-
rir à cette œuvre de grace & de
benediction,

Chemin du Divin Amour.

Dans le Sentier étroit courons d'un pas
rapide;
Et pour ne point tomber, prenons l'amour
pour guide.

CHEMIN
du Divin Amour.

VOICY une de ces ames choisies qui ont part à cette predilection éternelle du divin amour, & qui est, selon le Prophete, le fondement de ses faveurs & de toutes les graces qu'il leur accorde dans le tems & pendant leur vie pour les disposer à leur justification & à leur salut qui en est le principal effet.

Elle est une de ces oüailles bienaimées qui entendent la voix du Pasteur, & que le Pasteur nourrit de sa lumiere & de son amour ; elle est de ces oüailles pour qui le Pasteur donne principalement sa vie, que le Pasteur connoit & qui connoissent le Pasteur, dont aucune ne doit perir & ne sera ravie d'entre ses mains. *Joan.* 10.

Elle est encore du nombre de

I iij

ces bien-aimées à qui il est dit,
comme à saint Thomas, Je suis la
voye, la vérité & la vie. La voye
à ceux qui s'égarent ou qui igno-
rent la voye. La verité a ceux qui
doutent ou qui sont encore incredules. La vie à ceux, qui étant déja dans la voye, commenceroient
à s'ennuier du chemin & à se
lasser; à ceux enfin qui sentant le
poids de leurs pechez, gemissent
& soupirent aprés un Liberateur
ou leur reconciliation.

Cette amante a été sans doute
touchée de la douce & tendre parole de nôtre adorable Sauveur,
lorsqu'il a dit : Venez à moi vous
tous qui êtes fatiguez, & qui êtes
chargez & je vous soulageray, &
vous trouverez le repos de vos
ames,

Ou bien de cette autre parole :
Si quelqu'un a soif, qu'il vienne à
moy & qu'il boive, c'est-à-dire,
Si quelqu'un desire & recherche la
celeste doctrine, ma grace, mon
esprit, la beatitude éternelle. Qu'il

puife en moy par fa foy de cette eau du falut, qu'il la boive par fon efperance & qu'il en foit comblé de delices par l'ardeur de fon a-mour, & cette eau deviendra en-fuite en luy pour les autres un autre fource de grace & de benediction.

Mais de quel moyen fe fert-il principalement pour operer en cet-te amante ces merveilles & pour accomplir en elle tous les deffeins de fa bonté? Il ne s'en fert point d'autre que de celuy de fon amour, car il n'y en a point d'autre qui lui puiffe procurer ce bonheur.

C'eft fon amour, oüy, c'eft fon amour qui le fait pancher vers nous, & qui nous éleve à luy pour marcher dans cette voye d'amour. Toute noble & excellente qu'el-le paroiffe par ces palmes & ces lauriers, & quelque charmante qu'elle foit par la prefence de nô-tre divin Sauveur, elle ne laiffe pas que de nous furprendre & de nous effrayer à la vûë de ces objets, qui fuppofent des ennemis à combat-

tre, des paffions à foumettre, des
inclinations à regler & des répu-
gnances à vaincré. De forte que
nous nous fentons à tous momens
arrêtez ou ébranlez dans le chemin de la vertu par ces obftacles,
fi nous ne fommes d'un autre côté
animez, conduits & encouragez au
dedans par le fecours d'une abondante charité.

Amour, divin amour! qui pouvez feul nous défendre contre tant
d'ennemis, venez non feulement
nous apprendre les voyes de la verité & de la juftice chrétienne, ces
voyes faintes qui conduifent à la
vie bienheureufe ; mais encore les
moyens pour nous guérir & nous
retirer de cette langueur, & de
cette delicateffe qui nous retiennent dans la voye de nos paffions
& de l'amour propre, afin d'imiter
le zele de nôtre amante, laquelle
aprés avoir quitté fes égaremens,
ne s'occupe plus que de ce qui peut
la conduire à fon divin Maître, qui
eft devenu l'objet de fon amour &

le terme de fes recherches.

C'eft ce qui nous eft reprefenté dans nôtre Emblême , où nous voyons cette verité d'une maniere fi fenfible & fi édifiante. J'y vois un chemin tout couvert de palmes & de lauriers, au bout duquel j'y apperçois mon adorable Sauveur plein de majefté & d'amour, lequel ouvrant les bras de fa mifericorde, exhorte nôtre amante à ne pas differer davantage fon engagement & une fi glorieufe entreprife.

C'eft à ce coup qu'elle ne peut plus s'en défendre. Jefus a gagné fon cœur, & le divin amour tout occupé de fon bonheur, ne luy permet pas d'ufer de plus longs délays. Elle obéit à fes tendres femonces les mains jointes toutefois & comme en tremblant dans la vûë des efforts & des violences qu'il luy faudra faire pour parvenir à l'heureux fort qui luy eft propofé.

Mais fi elle eft intimidée par les difficultez qui fe prefentent à fon

efprit, elle eſt en même tems en-
couragée par la preſence.du divin
amour, qui la palme à la main luy
en promet la victoire. La voilà donc
en route, elle avance dans le chemin & ne penſe plus qu'à concou-
rir auſi doux empreſſement de ſon
bienfaiteur.

Ames chrétiennes qui avez le
bonheur d'être du nombre de ces
ames choiſies qui entendent la voix
du Paſteur, qui ſentent tout le
poids de leurs pechez, qui ſoûpi-
rent aprés un Liberateur, à qui la
vertu commence à plaire, qui veulent quitter le menſonge pour em-
braſſer la verité; prenez courage,
ne vous rebutez point d'une ſi
genereuſe entrepriſe. Elle ne paroît
fâcheuſe & difficile qu'à l'amour
propre, qui en matiere de vertu eſt
lâche & timide, étant au contraire toute facile & agréable à ceux
qui ſont prévenus & animez du
ſaint amour de Dieu.

Magnificence du Divin Amour

A tes pieds, Saint agneau, je jette mes
 couronnes,
Tout les tresors que jay, c'est toy qui me
les donne.

MAGNIFICENCE
du Divin Amour.

IL n'eſt rien de plus liberal que l'amour, ny rien de plus reconnoiſſant. L'amour dans celuy qui aime eſt liberal juſqu'à l'excés, puis qu'il le porte juſqu'à ſe donner ſoy-même à l'objet qui eſt aimé ; & le même amour dans celuy qui eſt aimé eſt infiniment reconnoiſſant, parce qu'il le porte â ſe donner auſſi ſoy-même à celuy dont il eſt aimé.

Cette communication mutuelle & reciproque de bienfaits & de reconnoiſſance dans le commerce de deux amans, produit ce qu'il y a de plus doux & de plus charmant dans la ſocieté des hommes.

Mais ce qui ſe paſſe dans l'amour humain n'eſt qu'une foible image & qu'une legere expreſſion de ce qui ſe paſſe dans l'amour divin.

Dieu eſt charité, dit le ſaint A-
pôtre, il eſt tous amour ; & celuy
en qui ſa charité ſe trouve, devient auſſi à proportion & ſelon
qu'elle regne en luy tout amour ;
il demeure en Dieu, & Dieu demeure en luy. *In Deo manet, & Deus
in eo.*

Le rendez-vous de ce tendre
commerce eſt le cœur de celuy qui
eſt aimé le premier. Ce cœur devient un vaſe d'amour, celuy qui
aime le premier y verſe ſes bienfaits, & celuy qui eſt aimé y répand ſes reconnoiſſances.

Ce vaſe précieux devient dans
l'ordre du ſaint amour un ſacré
reſervoir où l'amanté & celuy qui
eſt aimé ſe trouvent comme plon-
gez & abymez dans des communications d'amour également ſaintes & delicieuſes.

C'eſt de cette ſource ſacrée que
le divin-amour recompenſe ſes ſer-
viteurs ; & enyvre ſes amans en leur
faiſant goûter par-avance les douceurs de la beatitude.

Ce concours d'amour eft reprefenté dans nôtre Emblême d'une
maniere myfterieufe & toute admirable. Le divin amour y paroît
affis fur un petit trône élevé fur le
bord d'un refervoir d'eau. Il ne
fe fert plus de fon arc ny de fes
fléches, mais il fe contente de tenir de fa main un vafe pour en
faire defcendre dans ce baffin des
balances & une colonne de marbre.

La jeune amante qui fe trouve
à ce refervoir par les affeƈions de
fon cœur, y paroît de fon côté
auffi avec un vaiffeau ou une cruche, d'où elle fait tomber dans
ce même baffin une bride, un miroir de chryftal, des renes & des
fleurs.

Mais que fignifient tous ces differens fymboles ! Ames chrétiennes, vous l'allez voir, donnez y
vôtre attention pour en comprendre les myfteres,

Vôtre cœur, comme j'ay déja fait
remarquer, eft le rendez-vous du

divin amour ; c'eſt dans ce vaſe
où il verſe continuellement avec
ſa grace l'amour de la piete envers Dieu & de la juſtice envers
le prochain. Ces vertus doivent
vous devenir comme un breuvage
divin pour éteindre en vous cette
ſoif des œuvres ſaintes qui vous doit
toûjours preſſer.

L'amante qui y eſt repreſentée
répond au divin amour par de
pareils ſentimens ; à meſure qu'elle en reçoit des faveurs, elle luy
en rend des reconnoiſſances ; c'eſt
ce qui eſt marqué par le more &
les renes qui ſignifient ſon obéiſſance en toutes choſes. Par le miroir de criſtal, elle fait connoître
ſa prudence à bien uſer des graces
de ſon divin amour ; & les fleurs repreſentent les actions vertueuſes &
édifiantes dont il luy a donne l'eſprit & l'amour.

Cette amante ne pouvoit donner à Dieu un témoignage plus
ſenſible & plus ſincere de ſon a-
mour & de ſa pieté, car la recon-

noiſſance en eſt la preuve la plus certaine & la plus naturelle.

C'eſt pourquoy ſaint Auguſtin met principalement la pieté & le culte que nous devons à Dieu dans la reconnoiſſance de ſes bienfaits & de ſes graces. *Pietas, ſeu cultus Dei in hoc maxime conſtitutus eſt, ut animâ non ſit ingrata.*

Au contraire il n'y a rien qu'il deteſte davantage qu'un ingrat, parce qu'il eſt ſans amour, ſans lequel Dieu ne peut être honoré comme il appartient, ſelon ce ſaint Pere. *Deus non colitur, niſi amando.*

Tels furent les Juifs qui luy rendirent des maux pour les biens qu'ils en avoient reçus. Dieu avoit fait tomber ſur eux une pluye de toutes ſortes de biens, & pour tout fruit ils le chargerent d'épines & de douleurs. *Judæi retribuerunt mala pro bonis, acceperunt ab eo pluviam & fructum non dederunt, ſed ſpinas dolorum.* S. Auguſtin.

Imitons plûtôt, ames chrétiennes, ce pieux Samaritain, lequel étant perfuadé qu'il n'avoit rien qu'il n'eut reçû de fon bienfaiteur; touché d'un amour plein de reconnoiffance, retourna fur fes pas pour rendre graces à celuy qui l'avoit guéri ; tandis que les autres, qui avóient reçû le mêmé bienfait ; negligerent de l'en remercier, & meriterent le jufte reproche de leur charitable medecin. *Non erat qui rediret , nifi hic alienigena.*

- Heureux donc , heureux celuy qui, à chaque grace qu'il reçoit, fe tourne vers celuy qui en eft l'auteur, & qui par fon humilité & fon amour reconnoiffant attire de fon bienfaiteur toûjours de nouvelles faveurs.

Constance du Divin Amour

Approchés vous boureaux, preparés vos tourmens
Je crains peu vos rigeurs, Dieu Soutient Ses amans.

CONSTANCE
du Divin Amour.

LA conſtance eſt une force d'eſprit & une fermeté d'ame qui
nous fait faire, ou qui nous fait
ſupporter tranquillement tout ce
qu'il y a de plus difficile dans nos
entrepriſes & de plus facheux dans
les évenemens qui nous arrivent.
Cette vertu ne s'eſt trouvée qu'en
apparence dans les Heros de l'antiquité payenne. Ils ne connoiſ-
ſoient point la force ny le caractere des paſſions; & les confondant
avec la nature, ils attribuoient à
une grandeur d'ame ce qui ne venoit que de leur violence.

Les paſſions qui les dominoient,
les faiſoient ſortir comme d'eux-
mêmes pour trouver dans les choſes qui les pouvoient exciter de
quoy ſe dedommager de ce qu'ils
ſouffroient dans leur corps. Leur
conſtance n'étoit que ſuperficielle,

& n'étoit, à proprement parler, qu'une distraction de leur esprit qui les empêchoit de faire attention à leur état malheureux ; ne s'occupant alors que de l'amour de la gloire, ou qu'à se procurer quelque rang parmi leur Heros imaginaires & chimeriques.

Elle étoit encore un stratagême de leur amour propre, qui leur ôtant la vûë des objets les plus affligeans, leur faisoit chercher dans les circonstances les plus agréables de leur vie ce qu'ils y pouvoient remarquer de plus doux & de plus seduisant, afin d'éloigner de leur pensée l'état present de leurs peines.

Telle étoit la constance des Romains qui, occupez de la gloire de leur nation & de leur propre reputation, s'exposoient à tout ce qui étoit de plus dur & de plus insuportable, en devenant ainsi les martyrs de la vanité & de leur amour propre.

Il n'y a que les Chrétiens qui

meritent cette loüange, foit par le merite de leur caufe, foit par la pureté de leur intention. C'eft en eux feuls en qui fe trouve en effet cette excellente vertu, & il n'y a que le Dieu qu'ils adorent qui foit capable d'operer en eux cette force victorieufe par la prefence & la vertu de fa grace, qui les fait fupporter également avec joye, & dans une parfaite foumiffion de leur volonté, les douleurs des fupplices les plus effroyables.

Ouy, dit faint Auguftin, c'eft Dieu qui operoit en eux cette conftance qui faifoit trembler les tyrans & leurs propres bourreaux, foit en arrêtant où en moderant la fenfibilité & les repugnances de la nature, foit en les dédomageant par les charmes d'une vive efperance qu'il leur infpiroit, ou enfin en les prévenant de quelques avant goûts intimes de la felicité du Ciel.

C'eft ainfi que S. Etienne trouvoit douces les pierres qui l'accabloient, en voyant les Cieux ou-

verts, & dans l'asseurance d'y entrer bientôt, & que saint Laurent
couché sur des charbons ardens,
paroissoit aussi tranquille que s'il eut
été couché sur des roses.

Il n'y a donc que la constance
des Chrétiens qui soit une vraye
& solide vertu , & cette force divine qui les anime ne peut être
qu'un effet d'une ardente charité
que Dieu répand dans leurs cœurs.
C'est sur ce fondement , & par la
vertu de cet amour superieur, que
saint Paul défioit la mort, les persecutions des hommes & l'enfer
même , de le faire manquer à ce
qu'il devoit à son ministere , & à
la gloire de son divin Maître.

Cette verité est representée dans
nôtre Emblême d'une maniere trés
sensible ; l'amour divin y met à l'é-
preuve une de ses plus cheres a-
mantes. Aprés l'avoir attachée à
ce poteau , il la dispose & la prépare luy-même à souffrir toute l'a-
ctivité du feu qui l'environne. Il
commande à cet effet à l'un de ses

miniſtres d'y apporter le bois neceſſaire , de l'attiſer & de ne la
point épargner. Ce miniſtre , tout
occupé de ſa fonction , tient dans
ſa bouche un couteau , la mena-
cant, ou de l'ecorcher toute vive,
ou de la faire mourir au milieu de
ce braſier ardent où elle doit conſommer ſon amour.

Quel ſpectacle , ah ! quel ſpectacle d'horreur pour cette amante !
mais tout ce cruel appareil ne l'é-
branle point ; elle fait aſſez bonne
contenance , quoyqu'elle ſoit un
peu courbée ſous le poids de ſa
douleur, parce qu'elle eſt attachée
à ce poteau autant par l'humble
ſoumiſſion de ſon cœur , que par
les chaînes du divin amour , l'auteur & le témoin de ſon martyre.

Amour ! divin amour , eſt-ce
donc ainſi que vous traittez vos
plus chers amis & vos plus fidels
amans ? Quoy faut-il que vous con-
ſommiez de la ſorte en eux tous
les ſacrifices qu'ils doivent à vôtre
amoureuſe juſtice ? & que pour les

purifier & les rendre dignes de vôtre fainte alliance , vous leur faf-
fiez fouffrir tant de rigueurs avant
que de les rendre participans de
vos douceurs.

N'en doutez point , ames fideles , le divin amour eft un époux
de feu , comme il eft un époux de
fang ; mais à l'imitation de cette
courageufe amante, recevez volontiers les épreuves de fa juftice , dont
il n'exerce dans le temps les feve-
ritez que pour nous couronner de
gloire & de delices dans la bienheureufe éternité. C'eft ainfi que
cette amante doit trouver l'honneur
du triomphe dans fa défaite , &
qu'elle doit goûter les douceurs de
fa victoire , aprés avoir reffentie
toutes les amertumes de fes épreuves.

Edifices du Divin Amour ·

Bâtiss on icy bas, C'est la notre exercice
Et que la charité Soutienne l'edifice ·

EDIFICE
du Divin Amour.

LE divin amour qui eſt dans la perſonne du Saint-Eſprit le glorieux terme qui acheve & conſomme en Dieu toutes ſes produ-ctions interieures dans l'éternité, eſt encore en luy le principe de toutes ſes productions exterieures dans l'ordre de la creation de l'u-nivers & de la redemption des hom-mes.

Tout occupé de ſa gloire, il ne penſe qu'à luy donner des adora-teurs & à former de ce monde un temple où toutes les parties qui le compoſent deviennent autant de voix qui publient ſa grandeur, ſa puiſſance, ſa Majeſté & ſa bonté.

Ouy, ce monde, l'œuvre de ſes mains & de ſon cœur devient un temple où l'homme, qui y tient le premier rang, doit pour luy & au

nom de toutes les creatures recon-
noître ſa dépendance & luy rendre le tribut de ſes hommages &
de ſes ſacrifices.

Tels ont été nos premiers peres
qui, conſervant encore quelques
reſtes de la premiere innocence,
n'avoient beſoin d'autres temples
que les campagnes pour luy faire
leurs offrandes.

Mais le vice venant à s'étendre
ſur la terre à meſure que le nombre de ſes habitans augmentoit, ils
ſe trouverent contraints de ſe retirer ſur les montagnes pour y brûler leur encens & égorger leurs victimes.

C'eſt pour ce ſujet que les He-
breux ne pouvant plus reſter dans
l'Egypte toute infectée du peché,
furent contraints d'en ſortir pour
aller dans les deſerts ou les ſolitu-
des, où Dieu s'étoit comme retran-
ché, afin de luy preſenter leurs prieres, & immoler à ſa gloire ce que
ces peuples corrompus adoroient
dans les villes.

Enfin

Enfin le divin amour ne trouvant plus fur la terre de lieux aſſez purs pour ſervir aux uſages des ſacrifices, inſpira le deſſein au plus ſage des Rois de bâtir un temple, afin que la majeſté de l'Etre ſouverain y fut reconnuë & honorée en aſſûrance.

Mais helas ! ce temple tout ſaint qu'il fut & nos Egliſes qui luy ont ſuccedées, toutes reſpectables qu'elles ſoyent par la dignité de nos Myſteres, n'ont pû encore ſatisfaire ſon zele. Tous ces temples n'étant que des projets & de foibles images de nos ames qui, ſelon le ſaint Apôtre, ſont les vrais temples du Dieu vivant, nos cœurs en étant comme le ſanctuaire & l'autel, ſur lequel doit fumer ſans ceſſe le parfum de ſon amour & de toutes les vertus.

C'eſt ce que nôtre adorable Sauveur a fait connoître d'une maniere bien ſenſible dans cette agréable conference qu'il eut avec la Samaritaine, lorſqu'il luy dit que

K

le temps étoit venu auquel son
Pere auroit de vrais adorateurs qui
l'adoreroient en esprit & en verité,
en élevant dans leur ame un temple digne de sa sainteté & de sa
grandeur.

Ce tems est venu, & chacun en
particulier doit s'occuper à cét ouvrage de Religion. C'est ce qui est
representé dans cette Image d'une
maniere sensible. Le divin amour,
aprés avoir instruit cette jeune a-
mante de ce devoir important, ne
luy permet pas de differer davantage ; elle s'y engage volontiers ;
elle l'entreprend & elle se met dans
le mouvement d'y travailler avec
toute l'application de son esprit &
le zele de son cœur.

Le divin amour pour l'encourager & l'animer dans ce travail, veut
bien même luy servir de manœu-
vre , luy qui en est le digne Architecte. Les vertus qui en sont
comme les pierres entrent les unes
aprés les autres dans cet édifice
& la petite ouvriere les arrange

felon les regles du faint Evangile
& de la prudence chrétienne.

Elle fe fert à cet effet des livres
de pieté, des avis de fes Directeurs
& des inftructions de fes Pafteurs
comme d'une truelle pour ajufter
& polir ce pieux ouvrage. Le divin
amour ne l'abandonne point dans
ce travail, il luy apporte le mor-
tié de la charité fainte pour en
unir & fortifier toutes les parties.
Spectacle autant agréable, qu'il
eft tout myfterieux & digne de la
bonté de nôtre Dieu.

O Amour ! divin architecte vous
n'oubliez rien pour accomplir en
nous lesdeffeins devôtregrace,vous
y donnez non feulement vos avis
& vos confeilspar l'entremifede vos
miniftres, mais vous y mettez encore la main. Car fans vous, fans
vôtre operation continuelle & fans
vôtre amour tout l'ouvrage ne feroit ny bon, ny beau, ny folide ;
il ne feroit au contraire qu'un amas
confus & fansaucune folidité, puifque fans vous nous travaillons en
vain. K ij

Venez donc, divin amour, venez & élevez vous - même en nos
ames un temple digne de la maje-
sté de vôtre glorieux Pere, un
temple spirituel & amoureux pour
l'adorer: en esprit & en verité, en
dilatant en nous vôtre religion, &
en faisant avec vous & dans le même esprit un seul & même ado-
rateur de Dieu par nos respects;
vôtre amour & nos loüanges.

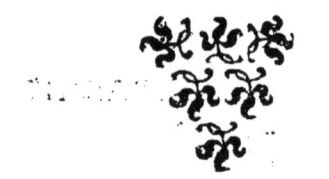

Bonne odeur du Divin Amour

Quelles douceurs, grand Dieu, l'on trouve Sous ta loy.
L'odeur de tes parfums fait courir aprés
toy.

BONNE ODEUR
du Divin Amour.

LE plaiſir & la douleur font naître en nous des ſentimens bien differens. Le plaiſir produit l'amour & le deſir : la douleur au contraire produit l'averſion & la fuite.

Le plaiſir que ſent l'ambitieux dans l'élevation, luy fait aimer & rechercher tout ce qui peut contribuer ou à l'acquerir, ou à s'y maintenir ; & la douleur qu'il reſſent dans l'abbaiſſement, luy donne une averſion & un éloignement de tout ce qui peut le luy cauſer ou l'y retenir.

L'homme innocent regardoit Dieu comme ſon principal objet, il s'y attachoit comme à ſon unique & ſouverain bien ; il penſoit aux creatures, mais il en uſoit avec moderation ; le plaiſir qu'il avoit

K iij

dans l'ufage qu'il en faifoit ne le prévenoit point au préjudice de fa raifon, & ne le détournoit pas de celuy qu'il goûtoit en s'occupant de Dieu, fe trouvant alors dans l'ordre & dans cette pieufe fageffe & fubordination qui luy procurôit une paix & une tranquillité toute delicieufe.

Ce même homme depuis le peché s'eft trouvé dans le défordre. Dieu luy paroît comme un objet étranger, il ne peut prefque plus s'en occuper, ny encore moins s'y attacher.

Les Créatures toûjours prefentes à fes fens l'en détournent fans ceffe, & le plaifir qu'il reffent à leur occafion, & qui le prévient à tous momens par la revolte de l'appetit fenfitif, les luy fait regarder & rechercher comme un bien, dont la poffeffion doit le rendre heureux, & dont la privation fait fa peine & le rend malheureux.

La raifon peut luy faire voir fon égarement & fa foibleffe, mais elle

ne l'en guérit pas ; & si sa religion luy en propose les remedes,
ils luy paroissoient trop difficiles &
trop ameres.

L'attention qui luy est necessaire
pour reflechir sur ses devoirs, est
un travail qui luy coûte trop. Les
efforts qu'il faut faire pour resister
à ses passions, qui sont toûjours en
mouvement, ne conviennent point
à sa delicatesse, & la mortification
en toutes choses par rapport aux
appas du bien sensible, est incompatible avec le plaisir qu'il en reçoit, qui l'attendrit & le tient captif.

Comment donc sortir de cet esclavage ? & que fera le divin amour
pour le retirer de ce miserable état?
n'en soyez point en peine. Sa sagesse a trouvé le moyen de surmonter tous ces obstacles & de vaincre
toutes ces repugnances, en le prévenant par l'onction de sa grace,
qui luy faisant aimer ce qu'il doit
rechercher comme son vray & unique bien, luy fera pratiquer con-
stamment ce qui peut luy en faire

obtenir la poſſeſſion.

Cette verité eſt repreſentée a-
gréablement dans cette Image. Le
divin amour y paroît avec ſa jeune
amante pour luy faire experimenter le charme de ſes parfums , il
luy préſente le vaſe de ſon cœur,
le ſanctuaire du pur amour , d'où
exhale la douce odeur de la grace
qui luy fait trouver dans la vie
ſpirituelle qu'elle a embraſſée plus
d'agrément & de conſolation ,
qu'elle n'en pouvoit attendre dans
la vie des ſens la plus heureuſe.

Toute penetrée de ſes bontez ,
elle luy en témoigne par ſa contenance ſa reconnoiſſance , & elle luy
avoüe que rien n'égale la douceur
de ſon amour. Complaiſances admirables & étonnantes de nôtre
Dieu dans les voyes de ſa grace &
de ſa charité envers des creatures
ſi indignes de tous ſes égards & de
ſes tendreſſes. O que ces parfums
divins doivent attirer de cœurs
dans les pieuſes communications
de ſon amour !

C'est ainsi que l'époux sacré attire la jeune amante du Cantique dans les exercices de la pieté chrétienne, pour fortifier sa vertu naisfante par ces douceurs spirituelles, & ces caresses divines en luy faisant par ce moyen méprifer l'enchantement des creatures ; mais comme elle a lieu d'en apprehender toûjours les mortelles douceurs dans l'usage qu'elle en fait ordinairement, elle le conjure dans l'experience de ses foiblesses de l'attirer continuellement par les doux & puissans charmes de sa grace.

Ouvrez, ô divin amant ! ouvrez vôtre beau cœur, ce cœur amoureux, ce cœur tout altéré de ma perfection & de mon salut ! que son odeur m'attire sans cesse, qu'elle m'enleve & qu'elle me fasse avancer de plus en plus dans les voyes & dans les pratiques de vôtre sainte dilection.

Venez donc, filles de Sion : filles chrétiennes, venez, jeunes cœurs, ames nouvellement converties, qui commencez à suivre le divin époux, accourez à l'odeur de ses parfums; & méprifant les odeurs profanes de la volupté mondaine, goûtez & penetrez-vous des chaftes delices de fon amour.

C'eft par l'onction de fa grace que ce qui vous paroît le plus amer & le plus difficile dans fon fervice vous fera rendu doux & facile. C'eft le beaume facré de fa charité qui fermera les playes du peché, qui vous rendent encore timides & languiffantes dans l'exercice de la vie fpirituelle, & c'eft cette huile de force & de joye qui, vous rendant victorieufes de vos repugnances, vous comblera de ces facrez douceurs.

Securité du Divin Amour

Je ne crains ny la mort ny la captivi
té ;
Dieu me rendra la vie avec la liberté·

SECURITE'
du Divin amour.

NOus sommes pendant cette vie expofez à bien des dangers, il femble que toutes les creatures ne s'uniffent que pour nous furprendre & que pour nous accabler; le monde tâche à nous gagner par fes promeffes & à nous ébranler par fes menaces, la chair eft toûjours en mouvement pour nous corrompre, & le demon fe fert de l'un & de l'autre pour nous tenter & nous feduire.

Quelle vie, ô mon Dieu! quelle vie! on ne voit qu'affliction, que mifere & que peché. Tout eft rempli de pieges & d'ennemis pour nous perdre, les maux s'entrefuivent & font un cercle qui ne finit jamais, une tentation fuccede à une autre, un combat dure encore qu'il en furvient plufieurs autres que l'on n'attendoit pas.   K vj

Mais ce qu'il y a encore de plus
à craindre eft nôtre amour propre,
ce fond malheureux qui eft en
nous & qui tâche toûjours de do-
miner en nous diffipant au dehors
par la curiofité , en nous empor-
tant par la vanité , & en nous per-
vertiffant par la fenfualité.

Qui peut donc nous délivrer de
tous ces maux & de toutes ces paffions ? Sinon vous , ô divin amour!
Ouy , vous feul pouvez nous en défendre & les diffiper par la vertu
de vôtre grace qui feul peut nous
donner la force de les furmonter.

C'eft l'etat où fe trouve cette
amante qui eft reprefentée dans
nôtre Emblême. A voir tous les ennemis qui l'environnent , on la croiroit perduë fans reffource : ce qu'il
y a de plus fort & de plus terrible
l'attaque , le feu , le fer & l'efclavage , les charmes du monde les plus
capables de la feduire , la mort même toute en fureur la menace & l'e-
pouvante.

Helas ! c'en eft fait , elle eft perduë abſolument ſi le divin amour l'abandonne, ou s'il ne vient à ſon ſecours. C'eſt ce qu'il fait, attiré & attendri par ſes cris & par ſes larmes; il la raſſure contre toutes ces attaques & ces allarmes, & la met en état par le don de ſa charité, dont il l'encourage & la fortifie, de ne plus rien craindre de leur part.

C'eſt la conduite que nous devons tenir dans nos épreuves & dans nos tentations en recourant au divin amour, afin qu'il augmente en noùs le feu de ſa charité qui ſeule peut nous protéger & nous ſoûtenir contre la violence de nos ennemis, qui ſont d'autant plus à craindre, qu'ils ſont au-dedans de nous; ou qu'ils ſe ſervent contre nous-mêmes de nôtre propre corruption, c'eſt-à-dire, de nos inclinations vitieuſes & corrompuës.

En effet, comme le demon ſe ſert de la concupiſcence qui eſt en nous pour nous attaquer & pour nous perdre, Dieu ſe ſert auſſi de

sa charité pour nous affermir &
pour nous rendre victorieux de ses
efforts & de sa malignité.

C'est ce que le Saint-Esprit nous
enseigne par la bouche du Sage,
en disant, que le saint amour est
fort comme la mort, lorsqu'il nous
rend comme insensibles aux charmes des plaisirs & à l'amertume
des épreuves & des afflictions ; ainsi
que fait la mort, qui nous separant
de nôtre corps, le rend insensible
à tous les maux & à toutes ses con-
cupiscences.

Ouy, son zele est dur & inflexi-
ble comme l'enfer, selon le saint
Cantique; puisque c'est par la force de cet amour que l'Auteur de
la vie est mort, & que c'est par
luy aussi qu'il a triomphé de l'enfer, & qu'il nous en a délivré
nous-mêmes.

C'est ainsi que le Prophete Osée
en parle, lorsqu'il dit en la personne de nôtre divin Sauveur: O
mort, je serai vôtre mort. O enfer, je serai vôtre perte. *O mors,*

ero mors tua ; morſus tuus ero inferne.

Aprés cela , ames chrétiennes ,
quel ſujet avez-vous de craindre ſi
vous avez dans le cœur la ſainte
charité , & ſi le divin amour eſt
avec vous. Sa preſence arrêtera
vôtre concupiſcence , & tiendra
dans le reſpect vos paſſions les plus
vives & les plus violentes ; il diſſi-
pera de vôtre eſprit & de vôtre
cœur le phantôme des grandeurs
humaines, la vanité des richeſſes,
les emportemens de la curioſité &
le charme des vains plaiſirs , en
vous rendant terribles aux demons
mêmes.

C'eſt ſous la protection de cette
victorieuſe vertu que le ſaint Prophete marchoit ſans crainte au milieu de l'ombre de la mort , c'eſt-
à-dire, dans les tentations les plus
preſſantes & les plus dangereuſes,
& que le ſaint Apôtre diſoit avec
tant de confiance : Ouy, je ſuis aſ-
ſuté que ny la mort, ny la vie, ny
les perſecutions , ny aucune autre
creature ne pourra me ſeparer de

l'amoûr de Dieu en Jeſus-Chriſt nôtre Seigneur.

Cette amante l'avoit bien compris en ſe jettant ainſi entre les bras du divin amour où elle trouve ſa défenſe & une pleine ſecurité au milieu de ſes plus grands perils.

Imitez, ames fidelles, ſa confiance ſi vous voulez en recevoir les mêmes ſecours & la même protection dans vos épreuves & dans vos tentations, en diſant avec le Prophete : Ouy, Seigneur, quand je marcherois au milieu de l'ombre de la mort, je n'en craindrai point les maux, parce que vous êtes avec moy. *Si ambulavero*, &c.

Soif du Divin Amour

Comme un cerf alteré desiré les ruis-
seaux ;
Ainsi l'homme, Seigneur, Soupire aprés
tes eaux.

SOIF
du Divin Amour.

CEtte Image represente ce qui se paſſa en Samarie proche la ville de Sichar, au puits de Jacob, entre nôtre adorable Sauveur & la Samaritaine. Ce fut un agreable rendez-vous où le divin amour attendit cette pechereſſe pour l'entreprendre & pour en faire ſa conquête.

Elle y fut attirée non tant par le beſoin de l'eau de ce puits, que par la miſericorde que Dieu avoit deſſein de luy faire ; & Jeſus-Chriſt cette fontaine d'eau vive ne luy demande à boire que pour commencer en elle ſa converſion, en luy donnant occaſion de pratiquer en ſa perſonne la compaſſion & la charité envers le prochain.

Il ne ſe contente pas de ce premier mouvement de ſon amour; il luy inſpire encore le deſir d'une

eau plus ſalutaire, afin de la porter à la dégoûter de celle qu'elle
venoit chercher à ce puits, & qui
étoit dans la penſée de nôtre Seigneur le ſymbole des faux biens
& des vains plaiſirs du monde qui
ne peuvent contenter ceux qui les
poſſedent , & qui ne ſont recherchez que lorſqu'on eſt dans la pro-
fondeur & les tenebres du peché
& dans l'enchantement des paſſions
qui nous rendent douces les choſes
les plus ameres.

Aprés ces préliminaires , le divin amour continuë ſon pieux deſſein, en luy reprochant ſes engagemens criminels & ſon peché, &
il le fait avec des ménagemens dignes de ſa bonté. Elle en convient,
en luy diſant: Seigneur, à ce que
je vois vous êtes un Prophete.

Ce reproche cependant ne luy
faiſant point plaiſir , elle fait un
incident à ſon cher maître pour
le détouner de s'étendre davantage ſur ſon ſujet. Elle luy fait à
ce deſſein une queſtion à l'égard

du temple de Jerusalem & de celuy de Samarie ; mais plus cette ame pecheresse veut éluder la penetration de son cher medecin & s'éloigner du charitable Pasteur qui poursuit cette breby égarée, plus le divin amour approche de son cœur.

Non, il ne veut plus user de déguisement à son endroit, & son zele impatient pour le salut de cette fugitive le presse de se declarer en l'assûrant qu'il est vraiment le Messie & son Liberateur.

A cette parole elle se trouve toute changée, elle laisse sa cruche au même lieu, & toute transportée de joye elle s'en retourne dans la ville, & devient la premiere qui annonce la venuë & la gloire du Messie.

O Pasteur vraiment charitable ! ô vray amant & zelateur de nos ames ! Eh ! qu'estce que l'homme, & qu'est cette pecheresse pour avoir tant d'empressement, tant d'égard & de tendresse pour elle ?

Vous êtes, ouy, vous êtes, ô divin
amour, comme le chaſſeur qui ne
prend point de repos, qui s'expoſe à la fatigue dans les foreſts &
dans les campagnes, qui courre de
tous côtez, qui ſouffre la faim &
la ſoif pour gagner ſa proye.

C'eſt ainſi, divin amant, que
vous daignez nous chercher dans
les tranſports de vôtre charité, &
que vous nous faites entendre le
deſir ardent & la paſſion extrême
que vous avez pour nôtre ſalut.

Heureux, divin chaſſeur, heureux ſi nous devenions tous la
proye de vôtre amour par ces ge-
miſſemens interieurs & ineffables
que vôtre eſprit produit en nos
ames, qui deviennent la ſource de
ces tendres larmes que la penitence nous fait répandre, & qui re-
jailliſſent juſqu'à la vie éternelle.

C'eſt à quoy, ames chrétiennes,
nous nous ſommes oppoſez toutes
les fois que nous avons negligé ou
mépriſé les recherches du divin
amour par les delays de nôtre con-

verſion, & que nous nous ſonſmes attachez à ſatisfaire la folle paſ-ſion des joyes & des plaiſirs du ſie-cle, en contriſtant en nous l'eſprit de componction & de penitence.

Quittons donc, quittons à l'e-xemple de la Samaritaine tous ces vaſes fragiles des creatures qui ne renferment que des eaux mortel-les, & qui ne nous preſentent que de vaines ſatisfactions.

Quittons ces paſſions folles & exceſſives pour les honneurs, les richeſſes & tous ces avantages hu-mains qui ne font que paſſer, qui ne ſervent qu'à nous affoiblir dans la vertu & à nous détourner du ſouverain bien, la ſource de tous les autres biens.

Cherchons au contraire avec ar-deur les veritez celeſtes & les biens éternels que le divin amour nous promet, & dont il nous doit ré-compenſer par l'attachement à nos devoirs, & par la fidelité que nous apporterons à cooperer aux mou-vemens de ſon eſprit & aux deſ-

seins de sa divine charité. Annon-
çons par tout ses merveilles, à l'e-
xemple de la Samaritaine, en devenant tous comme elle, par la sincerité de nôtre conversion, les Heros & les Predicateurs de son amour
triomphant.

Joug du Divin Amour

Sous le celeste joug une ame qui s'en
gage
Se met en liberte par un tel esclavage.

JOUG

du Divin Amour.

DIEU qui est la souveraine sagesse conduit les ouvrages de son amour par des moyens également doux & forts ; & s'il fait connoître son autorité par la loy qu'il nous donne, il fait en même tems éclater sa bonté par les douceurs de sa grace dont il nous prévient, afin que nous en portions volontiers le joug. C'est ce qui a fait dire à saint Augustin qu'il exerce envers nous son empire plûtôt en amant qu'en souverain. *Magis amore, quàm imperio.*

Cette conduite n'est pas seulement necessaire pour nous engager au service de ce divin Maître ; mais encore pour nous y établir & nous y maintenir, parce que comme le plaisir qu'on a d'aimer, est un charme qui nous attire, il est auſſi un lien qui nous arrête.

Le cœur de l'homme ne veut
que le bien, vray ou apparent. Le
plaiſir qui en eſt le ſigne le plus naturel le gagne facilement, & le porte à s'attacher aux objets qui le
cauſent ou qui ſemblent le cauſer.
Il a beſoin alors de toute ſa raiſon & de toute ſon attention pour
connoître & diſcerner de quel
amour il les doit aimer; & il n'en
peut faire un juſte diſcernement
ny s'en défendre, ſi le divin amour
ne l'éclaire & ne l'attire au ſouverain bien par les charmes de ſa
charité.

Cette inclination étoit toute innocente dans l'état de la juſtice
originelle ; la grace de cet état le
tournoit ſans ceſſe à Dieu ſans aucune repugnance de ſa part, & elle
l'attachoit ſans peine à cet objet
d'amour. La penſée ſeule qu'il en
avoit luy faiſoit plaiſir, & les
moyens qu'il devoit prendre pour
parvenir à ſa poſſeſſion, luy paroiſ-
ſoient également doux & faciles,

parce

parce que la nature qui étoit faine
alors, ne luy faifoit reffentir aucune oppofition ny refiftance qui
pût les luy rendre ameres & penibles.

Mais le peché qui a dérangé
cette jufte œconomie du cœur humain, luy en a rendu les voyes
difficiles; & il ne peut plus y atteindre que par le fecours des mortifications & de la penitence.

Ce n'eft donc plus que par le
facrifice de nôtre raifon & de nos
fentimens humains, que nous for-
tons de nos tenebres, & que nous
devenons victorieux de nos paffions : & c'eft en nous foûmettans
au joug de la loy fainte, que nous
recevons le don de la vraye liberté.

Le divin amour s'eft attaché
pendant fa vie à nous procurer
tous ces avantages par fa doctrine
& par fes confeils, par fes exemples & fur tout par l'onction de fa
grace, qui nous rend fes loix &
fes maximes auffi douces qu'elles
nous font précieufes.

L

C'eſt l'état où ſe trouve cette amante, qui par ſa docilité à re-cevoir ce joug que le divin amour lui impoſe, préfere un travail ſalu-taire à une molleſſe criminelle : & c'eſt ce que vous devez imiter, ames chrétiennes & deſireuſes de vôtre ſalut, dans les exercices de la vie ſpirituelle. N'écoutez donc plus toutes vos repugnances ny vô-tre delicateſſe dans le travail de vôtre perfection ; puiſ qu'il vous doit être ſi utile & ſi glorieux.

On ne ſe plaint pas de porter le joug du peché & des paſſions, dont le poids eſt ſi honteux & ſi accablant ; & on ſe laſſe de por-ter le joug de la loy de Dieu & de la vertu qui eſt ſi honorable & ſi leger en comparaiſon de ce pre-mier. Car qu'y a-t-il de plus aima-ble & de plus engageant que la juſtice, que la verité & que l'or-dre ? Et peut-on trop faire pour en pratiquer les devoirs, & pour ſe rendre digne de la vie bien-heureuſe qui nous eſt promiſe &

qui en eſt la juſte récompenſe ?

Que ne font pas les ambitieux, les avares & les voluptueux pour ſatisfaire leurs differentes paſſions ? Tout leur paroît facile & ſupportable , pourvû qu'ils réuſſiſſent dans leurs projets , & qu'ils parviennent à leurs fins: & un Chrétien qui s'eſt engagé dans la vie pieuſe & devote ſe rebutera des moindres difficultés & des moindres efforts pour ſe corriger de ſes défauts, & pour ſurmonter ſes repugnances & ſa délicateſſe dans la pratique des vertus les plus convenables à ſon état, & les plus indiſpenſables.

Ce paralelle ſans doute vous ſurprend & vous fait gemir ſur la lâcheté & le peu de juſtice que nous gardons dans les choſes qui ont un merite ſi different , & qui demandent de nous des preferences ſi juſtes & ſi neceſſaires à nôtre bonheur.

Ouy on ne peut trop déplorer l'aveuglement & l'inſenſibilité de

la plufpart des Chrétiens fur l'indifference avec laquelle ils fe com-
portent pour faire réuffir l'affaire
de leur falut ; de laquelle cependant dépend une felicité éternelle
ou une mifere qui ne doit jamais
finir.

· Eh que font toutes les créatures enfemble, avec toutes les fatisfactions qu'on en peut recevoir,
pour exiger de nous tant de gêne
& de fervitude, tandis que nous
avons tant de peine à nous donner le moindre mouvement & la
moindre contrainte pour plaire à
nôtre Dieu, qui eft le fouverain
bien, & qui ne demande nôtre
obéïffance, nôtre application &
nôtre travail que pour nous combler de biens & de gloire.

Excelence du Divin Amour

Si l'on n'aime on n'est rien la sain
te charité.
Sur toutes les vertus obtient la primau
té.

41

EXCELLENCE
du Divin Amour.

C'EST avec juſtice que toutes les vertus s'aſſemblent pour rendre au divin amour leur hommage, puiſque c'eſt par ſon moyen qu'elles poſſedent tout ce qu'elles ont de vie, de force & de perfection.

Il eſt vrai que toutes les vertus enſemble forment cet arbre de benediction, qui ſelon le S. Prophete porte toutes ſortes de fruits : mais il faut convenir cependant que cet arbre tout précieux qu'il ſoit, n'a de fecondité & ne porte ſes differens fruits que par la vertu de ſa racine qui n'eſt autre que la charité, c'eſt-à-dire le divin amour.

Saint Gregoire s'en explique ainſi. Comme les branches, dit ce ſaint Docteur, ne ſortent de l'ar-

bre , & n'ont de la beauté & de
la fecondité que par la force &
la vigueur de fa racine : de même les vertus ne font produites,
& n'ont de merite que par l'in-
fluence du divin amour , & il n'y
en a aucune entr'elles qui puiffe
conferver la vie & porter de fruit,
fi elle ne demeure attachée & u-
nie à cette bienheureufe racine,
Nec habet aliquid viriditatis ramus boni
operis, fi non manet in radice charitatis.
Homilia 27. in Evangelia.

La foi , toute excellente qu'elle
eft, eft morte fans l'amour & fans
la charité ; l'efperance eft vaine
& confonduë , la religion n'eft
qu'ypocrifie & fuperftition ; la devotion que grimace & impofture,
l'obéïffance que foibleffe & timi-
dité , la prudence que fauffe fageffe, la juftice qu'une équité apparente & politique , la force que
temerité , fureur ou vanité ; la temperance qu'avarice ou baffeffe ;
enfin il n'eft rien de parfait & de
falutaire fans le divin amour.

Venez donc, venez toutes les vertus enfemble au trône du divin amour, venez lui rendre vos honneurs & vos offrandes, en lui prefentant les fymboles & les marques précieufes de tous les avantages particuliers, qui vous diftinguent les unes des autres avec tant d'agrement, comme des trophées dûs à fa gloire, comme les fruits de cette feconde tige, & comme les ruiffeaux de cette bienheureufe fource : puifque c'eft de ce principe divin qu'elles font dignes de loüange, & qu'elles meritent des récompenfes éternelles. C'eft ce qui eft reprefenté dans cette image d'une maniere qui eft auffi édifiante qu'elle eft agréable.

O qu'un cœur eft heureux, lorfque le divin amour y a établi fon empire, & qu'il en eft devenu entierement le maître ! il devient alors en lui une fource de grace & de gloire. Il en éloigne tous les projets de l'amour propre, il y triomphe de tous les vices. Il le

rend invincible dans fes combats,
& il lui devient une reffource de
confolation dans toutes fes peines.

Ces admirables effets paroiffent
dans cette jeune amante aux pieds
de fon vainqueur, dont elle ho-
nore le triomphe & la puiffance:
Toutes les vertus qui l'environnent refpectent fon état, & la fe-
licitent d'avoir trouvé dans le divin amour tous les avantages qu'-
elles en reçoivent elles - mêmes
dans l'exercice de leurs actes.

Contente du riche trefor qu'elle
poffede, elle n'eft plus occupée
que dans la meditation de fes merveilles, & que dans l'experience
de fes douceurs & de fes charmes.

Elle le voit regner par tout avec
une étenduë & un difcernement
qui l'éclaire également & l'édifie.
Si elle fait attentiou à la vertu de
religion, qui paroît tenir un rang
diftingué dans cette troupe refpectable, elle y remarque le feu
du divin amour qui doit brûler
fon encens, & confommer fes

victimes. Si elle jette les yeux fur la Justice qui l'approche, elle y apperçoit ce même feu, qui excite en elle un zele ardent pour défendre l'innocent, & punir le coupable.

Enfin elle remarque dans toutes les autres Vertus qui forment ce glorieux cercle & cette venerable assemblée, le même amour qui les anime, qui les soûtient & qui les fait triompher de tous les vices contraires qui les attaquent & qui s'opposent en nous à leur progrés & à leur perfection.

C'est ainsi, ames chrétiennes, que vous devez respecter le divin amour à l'imitation de nôtre amante, en l'envisageant avec cette même étenduë, pour faire honneur à son autorité ; puisque c'est en élevant ainsi dans vos cœurs un trône à sa puissance, que vous en bannirez l'amour propre son ennemi capital, ou que vous le mettrez en état de ne plus s'opposerà vos devoirs au préjudice de l'obéïffance que vous devez rendre à fes loix & à fon empire.

Vous le devez faire d'autant plus volontiers, & avec d'autant plus de raifon que fans fon impreffion & fon mouvement vous ne pouvez rien faire qui foit capable de contribuer à vôtre perfection, en étant luy-même le principe, le progrés & la fin ; & Dieu ne couronnant nos œuvres qu'autant qu'elles auront été animées & conduites par le mouvement de cette principale vertu.

Force du Divin Amour

Dés que l'Amour Divin est entré
dans un coeur ;
De tous Ses ennemis il le rend le
vainqueur

FORCE
du Divin Amour.

L'AMOUR DIVIN par raport à lui-même est un amour de douceur, de paix & d'onction. Cette verité est évidente par la conduite que Dieu tient à nôtre égard, lorsqu'il veut gagner nos cœurs, & les retirer de nos égaremens & de nos passions.

En effet, qu'est-ce que l'amour de Dieu à nôtre égard ? sinon sa misericorde envers des malheureux, sa charité envers des miserables, & sa compassion envers des enfans desobéïssans, rebelles & dénaturez ? Un seul regard d'amour porté sur le cœur de Pierre aprés sa chûte, le rendit penitent & lui fit verser des larmes qui n'ont point cessé de couler pendant sa vie.

Le bon office que rendit nôtre

débonnaire Sauveur à Magdelaine humiliée à ſes pieds, en prenant ſa défenſe contre le ſuperbe
Phariſien, fit tant d'impreſſion ſur
le cœur de cette pechereſſe, qu'elle
devint ſur le champ ſa fidelle a-
mante, & la plus zelée des peni-
tentes. *Aquam pedibus meis non dediſti,*
hæc autem ex quo intravit non ceſſavit
lacrymis ſuis rigare pedes meos.

Les reproches doux & tendres
de ſon amour ſur le chemin de Da-
mas convertirent tout d'un coup
Saul en fureur & perſecuteur de
Jᴇsus-Cʜʀɪsᴛ dans la per-
ſonne de ſes Fideles nouvellement
convertis, en le rendant dés ce
moment un Apôtre zelé, & toûjours prêt de répandre ſon ſang
pour la gloire de ſon nom. *Saule,*
Saule, quare me perſequeris? &c.

C'eſt ainſi que cet amour ſortant de Dieu, & répandu en nous
par un effet de ſa bonté, devient
un amour de juſtice, un amour
vengeur, de colere & de rigueur.

En effet, que n'a pas fait cet

amour dans les martyrs ? Quel prodige de force & de patience ? que
ne fait-il pas tous les jours dans
les penitens ? combien de larmes
ne leur fait-il pas répandre ? &
combien d'austeritez & de mortifications ne les force-t-il pas d'e-
xercer pour satisfaire leur amour
& la divine justice ?

Combien de combats ne fait-il
pas livrer & soûtenir aux Confes-
seurs & aux Vierges , & generalement à tous ceux qui se propo-
sent de vivre chrétiennement pour
conserver & défendre la foy, l'esperance, la charité , la religion,
l'innocence des mœurs & la chaste-
té chrétienne ?

Ouy, cet amour est toûjours en
mouvement, toûjours occupé de
nos devoirs , toûjours dans les efforts, les contraintes & les violences pour nous opposer à l'opiniâ-
treté de nos ennemis, & nous rendre victorieux de leur malice.

Ny la délicatesse du sexe ou du
temperament , ny la crainte des

peines dont on nous menace, ny
les épreuves les plus affligeantes;
l'amour même de nôtre propre
vie, l'enfer & les Demons qui paroiffent comme des boucliers im-
penetrables, ne font pas à l'épreuve de fes coups, & ne peuvent refifter à fa force.

C'eft ce qui eft reprefenté dans
nôtre Emblême, où nous voyons
que la jeune amante, mieux inftruite dans l'art de les combattre,
ne fe fert pas feulement de fa propre induftrie, & des autres moyens
que la prudence pourroit lui propofer, mais encore des armes
que lui fournit le divin amour,
c'eft-à-dire de fes actes les plus
enflâmez, qui comme des flêches
choifies, la mettent en état d'en
furmonter les efforts & la malignité, aprés en avoir été elle-même
vaincuë par les feuls charmes de
fa douceur.

C'eft donc pour ce fujet que
fon divin amant paroît icy fans
arc, n'ayant plus à décocher de

flêches contre son cœur, qui en est devenu la conquête ; de sorte qu'il n'y paroît avec son carquois rempli de flêches que pour lui en fournir autant qu'elle en aura besoin pour la rendre elle-même victorieuse de ses ennemis.

C'est donc, ames sensuelles & délicates, mal à propos que vous vous persuadez qu'en demandant à Dieu le don de son amour, c'est pour vivre à vôtre aise, sans vous gêner, & sans vous faire aucune violence ? Non, non, son amour qui est en luy un amour de tendresse & de paix, devient pour nous un amour crucifiant & détruisant. C'est un feu qui nous est donné pour nous purifier, c'est une flêche qu'il nous presente pour percer la dureté de nôtre cœur, c'est une épée pour nous faire la guerre à nous-mêmes, & égorger l'amour propre, la propre volonté, ce bouclier impenetrable à tous les autres traits

O que ces mysteres de l'amour

divin renferment de merveilles &
d'inftructions : Oüy , ames chrétiennes , nôtre divin amant ne nous
confié fon amour que pour nous
engager à nous mortifier , à combattre nos paffions au dedans , &
nous éloigner des fcandales du
monde au dehors. Il ne nous en
fait part que pour nous obliger à
nous contraindre en toutes chofes , & nous engager à foûmettre
nos inclinations les plus intraita-
bles aux mouvemens de fa grace.
Enfin il ne fe met en nous que
pour fuppléer à nos foibleffes dans
la pratique des vertus & de nôtre
perfection , en diffipant par fa force
les ennemis de fa gloire & de nôtre falut.

Secours du Divin Amour

Tel qu'un arbre ébranlé s'affermit
davantage
Tel dans l'adversité, s'accroist notre
courage.

43

SECOURS
du Divin Amour.

QUAND Dieu veut établir
en nous son amour, & qu'il
fait en sorte que cet amour dévient en nous l'amour dominant
de nos cœurs, c'est-à-dire l'amour
principal qui nous occupe, qui nous
anime, & qui nous conduit il est
alors nôtre soûtien, nôtre force
& nôtre consolation dans nos é-
preuves & dans les évenemens les
plus affligeans & les plus capables
de nous ébranler.

L'experience que nous faisons
des secours & des douceurs intimes
& solides, dont le divin amour
nous fait part, & qu'il nous fait
goûter en Dieu, nôtre force & nôtre protection, nous fait en même
temps surmonter tout ce que les
créatures ont de plus amer & de
plus violent à nous opposer dans

l'exercice de la vertu & la pratique de nos dévoirs.

Dieu en ufe ainfi pour deux raifons. La premiere. pour faire con-
noîtré plus fenfiblement fa puiffance contre ceux qui s'oppofent
par leur violence aux deffeins de
fa grace envers fes plus fideles ferviteurs. Et la feconde pour donner à ceux-cy des marques plus
certaines de fon amour, afin de
les porter à s'attacher avec plus
de confiance en luy à tout ce qui
regarde fon fervice & fa gloire.

Ouy, ô mon Dieu ! ouy, c'eft
dans le tems que nous fommes
le plus vivement attaquez, & qu'on
nous refifte davantage dans le bien
que nous avons à faire, que vous
venez à nôtre fecours, & que la
force de vôtre amour brille davantage en nous, car c'eft alors
que vous mettez en œuvre & en
mouvement toutes les vertus pour
nous prêter main forte.

C'eft dans ces occafions que
la Foy nous fert de bouclier, la

Juſtice de cuiraſſe, la Verité d'é-
pée, & la Religion de conſeil &
de guide ; & cette conduite de
Dieu ſe prouve par tant d'exemples, qu'on n'en peut douter ſans
démentir l'experience , & reſiſter
à l'autortié des divines Ecritures.

Job a été un des plus fideles ſer-
viteurs de Dieu dans les épreuves
les plus terribles & les plus deſo-
lantes ; & neanmoins il a été un
de ceux qui ont été les moins me-
nagez en apparence & les plus pro-
tegez en effet au dedans de ſon
ame , en demeurant ferme & inébranlable dans le ſervice de Dieu
dans l'accablement de ſes tribulations, qui ne ſervirent qu'à augmenter ſa vertu , & qu'à faire
paroître avec plus d'éclat l'amour
qu'il avoit mis dans ſon cœur &
la force de ſa protection.

Tels ont été les Apôtres & les
Martyrs, dont l'amour pour Dieu
augmentoit en eux à meſure que
la haine de leurs ennemis déve-
noit plus violente & plus terrible.

Et les tyrans ont crû quelquefois les perfecuter davantage par les careffes & les bons traittemens , que par leurs menaces & les fup- plices.

Eft-ce donc de la forte, ô divin a- mour ! que nous pouvons vous con- ferver, vous augmenter en nous, & vous faire triompher au milieu des allarmes , des combats & des perfe- cutions ?

Vôtre amour feroit-il en nous comme un beau lys environné d'é- pines , comme un vaiffeau au mi- lieu de la mer agité par les tem- pêtes , & toûjours menaçant le nau- frage , ou comme un arbre ébran- lé par la violence des vents & toû- jour prêt à tomber ?

N'en doutez pas , ames chré- tiennes. L'état dans lequel fe trou- ve la jeune amante en eft une preu- ve fenfible , elle n'eft pas plûtôt fortie d'un danger, qu'elle fe voit expofée dans un autre.

Une tentation violente repre- fentée par ce vent impetueux la fait prefque fuccomber, fa religion même fignifiée par cette croix toute penchante, eft toute ébranlée & prête à tomber : il n'y a que l'amour que Dieu a mis en elle qui la foûtient ; elle y a recours ; elle s'y attache ; & elle reçoit une force qui la releve & la met en défenfe contre tous fes efforts.

Le faint Prophete l'avoit éprouvé luy-même dans les plus violentes tentations. J'ai été pouffé, dit ce faint Roy, avec violence, & j'étois prêt à tomber ; mais le divin amour m'a foûtenu. Luy qui fe plaît à nous tendre la main lors que nous fommes fur le point de nôtre chûte, c'eft-à-dire lors que nous fommes dans le peril, & que nous reffentons & implorons la neceffité de fon fecours.

C'eft de là que nous devons conclure que fi Dieu afflige ou punit les fiens, il ne les abandonne pas pour cela ; qu'il fauve toûjours ceux qui l'aiment, & qui le regardent comme leur force & leur appuy, laiſſant perir les autres qui veulent être à eux - mêmes leur force & leur ſoûtient, en confondant les ſuperbes & les amateurs d'eux-mêmes d'un côté, & en ſignalant ſon amour & ſa protection à l'égard de ceux qui mettent en lui ſeul leur confiance.

C'eſt ce que nous devons imiter dans nos épreuves & dans nos tentations, puiſque ceux, dit le même ſaint Prophete, qui mettent ainſi leur confiance dans le Seigneur ſeront inébranlables comme la montagne de Sion. *Sicut mons Sion.* pſal. 124.

ur Sans mesi

ier Dieu Sans mesure est tou=
·s un devoir ;
·egle de l'Amour est de rien poin

de 1

L'A
SAN

L ORS
mine
te à toutes
desirs, dans
nos plaisir
entre pren
contenter
Rien alors
raison & l
bligent à l'
dre.

Que ne
pour satisf
s'élever ? (
un avare
un volupt
quelque ci
de ses pla

On re
quelle est
ur eux ce

L'AMOUR
SANS MESURE.

Lors que la cupidité domine en nous, elle nous porte à toutes fortes d'excés dans nos defirs, dans nos recherches & dans nos plaifirs ; elle nous fait tout entreprendre & tout faire pour en contenter les differentes paffions. Rien alors ne nous rebute que la raifon & la religion, qui nous obligent à l'arrêter & à la contraindre.

Que ne fait point un ambitieux pour fatisfaire la paffion qu'il a de s'élever ? Que n'entreprend point un avare pour devenir riche ? & un voluptueux fe menage-t-il en quelque chofe dans la recherche de fes plaifirs ?

On ne peut affez comprendre quelle eft la tyrannie qu'exercent fur eux ces differentes cupiditez

quand ils en font devenus les efclaves , ny avec quelle fureur ils
fe portent à les contenter, quoique
les avantages qu'ils y recherchent
foient des biens feulement en apparence, ou de peu de durée.

Mais fi le regne de la cupidité
fait en nous de fi grands effets,
que ne fera point le regne de la
charité ? Qu'eft-ce que la charité
en Dieu n'a pas fait pour nous?
Et que ne fait - elle point tous les
jours en ceux en qui Dieu l'a établie ?

Que n'a-t-elle pas fait dans les
Martyrs, dans tous les Saints, &
dans tous les Juftes, felon les differentes circonftances où ils fe
font trouvés , lors qu'il s'eft agi de
la caufe de Dieu, & de luy donner des preuves de leur amour &
de leur fidelité ?

D'où vient donc , d'où vient
qu'elle eft fi bornée en nous, finon
parce que nous y mettons nous mêmes des bornes ? Nous arrêtons en
nous à tous momens fon mouvement

ment , & nous ne pouvons nous re-
foudre à la fuivre jufqu'au terme,
auquel elle nous veut conduire :
parce que la cupidité ne nous dé-
plaît pas ny toûjours ny entierement, & que nous ne cedons que
trop fouvent aux convoitifes qu'elle nous infpire.

Non, non, ames chrétiennes &
religieufes , nous ne devons plus
apporter tant de mefure, ny de referve à l'égard du divin amour.
Il nous a aimé jufqu'à l'excés, &
lors que nous étions fes plus grands
ennemis ; plus de mefuré auffi ny
de referve dans l'amour que nous
luy devons, dans les maux qui nous
arriveront, comme dans les biens;
dans l'adverfité , comme dans la
profperité ; dans les privations ,
comme dans les jouiffances.

Il femble , ouy, il femble que
nous hazardions trop , lors que
nous faifons les moindres efforts
pour aimer ce que nous ne fçau-
rions trop aimer ; & nous nous
fervons de toutes fortes de vains

M

pretextes pour nous défendre d'un devoir si honorable, si doux & si juste.

La crainte sur tout de nous trouver sans plaisir sensible nous effraïe, & l'on peut dire que ce point est peut-être le plus grand obstacle à cette plenitude de charité que le divin amour nous demande, pour repondre à celle qu'il a pour nous.

La jeune amante avoit bien compris cette obligation, ainsi qu'elle le fait connoître, dans cet Emblême. Touchée de l'amour sans borne & sans mesure, de son divin amant, qui a jetté son arc par terre, & rompu la regle que sa justice & nôtre indignité pouvoient luy prescrire dans son amour pour nous, elle foule aux pieds cette mesure avec laquelle elle l'avoit aimé jusqu'alors, & renonçant à tous les menagemens de l'amour propre elle se détermine à l'aimer uniquement & avec une étenduë digne de son amour. C'est ce qui a fait dire à Saint Bernard que la

mefure, felon laquelle on doit aimer Dieu, eft de l'aimer fans mefure ; c'eft-à-dire, felon S. Thomas,
autant que nous pouvons l'aimer.
Tantum quantum poſſumus.

. Nôtre Seigneur nous le fait bien
comprendre luy - même, lorfqu'il
nous commande d'aimer Dieu de
tout nôtre cœur : *Ex toto corde.* Et
Saint Auguftin demande de nous
cette étenduë ; même par le feul
bienfait de la création. *Totum exigit
te , qui fecit te.* Hom. 34.

Prenez - y garde, ames devotes,
la caufe pour laquelle vous n'a-
vancez pas dans la perfection eft
que vous n'aimez Dieu que par mefure & que jufqu'à un certain point,
pour ne point trop vous gêner ny
vous contraindre dans ces inclinations tendres & délicates que vous
voulez encore menager , & dans
lefquelles vous êtes bien aifes de
refter au préjudice de vos obligations , & contre l'intention du divin amour. C'eft ainfi que nous
mettons des bornes à la charité

ſainte & que nous n'en mettons aucune à la cupidité prophane.

Mais ſi Dieu en mettoit lui même à ſa charité à noſtre égard, que
deviendrions nous? nous qui par
nos continuelles infidelités meri-
tons moins les faveurs de ſa bonté,
que les châtimens de ſa juſtice.

Imitons donc, imitons nôtre amante qui foule aux pieds toute meſure
pour ne plus l'aimer que ſans meſure,
en renonçant à ces amitiez trop humaines, à ces liaiſons, & à ces atta-
chemens exceſſifs pour les creatures
& les choſes de la terre, ainſi que
ſaint Auguſtin nous y exhorte en diſant avec luy. Non Seigneur ! on ne
vous aime pas autant qu'on le doit,
quand on aime quelque choſe avec
vous, ou independament de vous.
Male te amat, qui tecum aliquid amat,
&c.

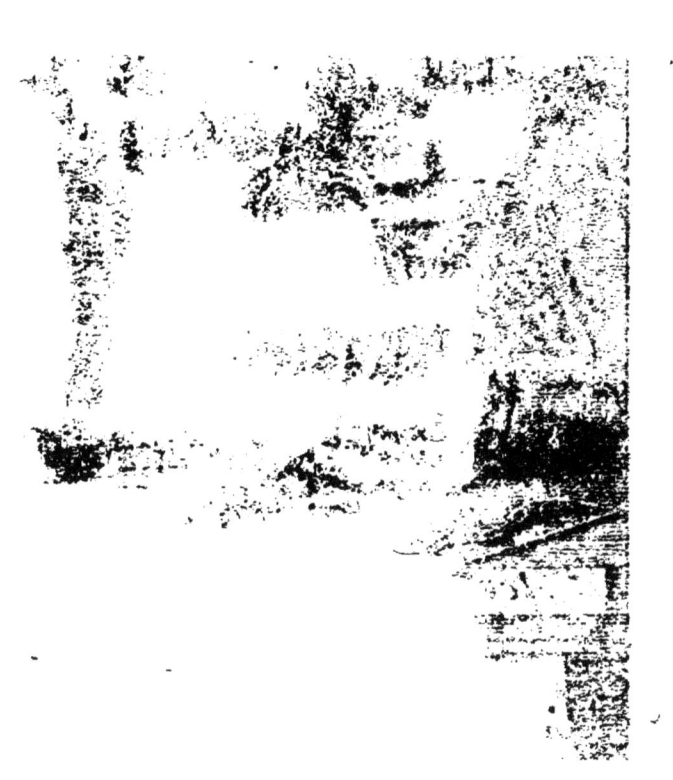

Accroissement du Divin Amour

Il faut que l'amour Saint sans cesse
nous consume;
C'est par l'adversité que sa flamme S'a=
lume.

ACCROISSEMENT
du Divin Amour.

JESUS-CHRIST nôtre divin amour est venu sur la terre pour y apporter le feu de sa charité, & son intention est qu'il s'y allume de plus en plus , c'est-à-dire que cette vertu prenne toûjours en nous de nouveaux accroissemens.

Ce divin feu augmente en nous encore plus par les adversitez que par les prosperitez.

L'état present où nous sommes reduits depuis le peché, le demande ainsi, parce que la nature étant devenuë déreglée par la cupidité c'est-à-dire par l'amour propre, a formé la concupiscence , ce malheureux fond de mauvais desirs qui nous porte à chercher dans les creatures des satisfactions sensibles, en nous prevenant sans cesse à leur occasion par des sentimens

de plaisir, qui gâtent nôtre cœur
& le corrompent.

·Car, quels effets ne produisent
point en nous les desirs de la gloire,
des richesses & des plaisirs ? Qu'y
a-t-il de plus à craindre & de plus
seduisant que ces passions qui nous
rendent tous seculiers & charnels?
Et est-il quelque chose de plus fort,
& de plus capable de nous égarer
& de nous pervertir ?

De sorte que l'on peut dire que les
prosperitez temporelles sont à nôtre égard plus contraires au divin
amour que les adversitez : parce
que les prosperitez ne servent souvent qu'à faire naître ces mêmes
passions, & à les augmenter plûtôt
qu'à les arrêter & à les regler, au
lieu que les adversitez nous faisant
experimenter dans les creatures
des vuides, des impuissances où
des persecutions ; nous en détachent & nous forcent, pour ainsi
dire, à nous declarer pour les vrais
biens que le divin amour nous promet & nous fait goûter dés cette

vie dans la pratique des devoirs de la justice Chrétienne.

Cette verité est trop sensible par l'experience pour en pouvoir douter : & j'ajouteray même que les prosperitez spirituelles ne sont pas quelquefois moins à craindre que les autres ; lorsque par des satisfactions ou des complaisances trop humaines, on y prend trop de part.

L'Apôtre S. Paul confirme cette proposition par sa propre experience, en disant que l'aiguillon de la chair, qui est l'ange ou le ministre de satan, ne luy a été donné que pour l'empêcher de tomber dans l'orgueil à cause de la grandeur de ses revelations.

Dieu lui-même nous le fait entendre clairement, lors qu'il dit au même Apôtre, que la force & l'excellence de sa grace, ne paroissent jamais mieux que dans nos infirmitez, & que lors que nous sommes humiliez & combattus par les plus rudes & les plus honteuses tentations.

C'est ce qui porte nôtre divin maître également sage & bon à éprouver ses plus chers & fideles amis par des croix, qui les empêchent de se pervertir par le charme trompeur de la prosperité.

Cette verité est encore representée ingenieusement dans nôtre Emblême à l'égard de la jeune amante en qui la charité etoit comme refroidie par le calme d'une paix trop humaine.

Ce feu qui se ralume & s'enflâme par la violence des vents est le symbole de l'amour qui s'excite & qui s'augmente dans son cœur par les épreuves du divin amour, qui lui fait connoître par cet exemple sensible à ne pas trop s'arrester aux douceurs d'une tranquillité passagere, puisqu'elle peut causer de si mauvais effets; & à recevoir dorenavant avec plus d'attention, de discernement & de soûmission le secours salutaire des tribulations.

Ne soyez donc pas surpris, si vous voyez dans cette image le

divin amour luy-même se rechau-
fer à la faveur de ce feu qui s'embrase par la violence de ces vents;
comme s'il avoit besoin luy-même
de ce secours étranger pour rallumer son zele, à l'égard de cette
amante ; puisqu'il ne tient cette
conduite que pour luy apprendre
l'usage qu'elle doit faire de ses
épreuves, & que pour luy repre-
senter le mauvais état de son amour
causé par sa negligence dans les
exercices de la vie spirituelle & de
sa perfection.

C'est par cette judicieuse reflexion que vous devez apprendre,
ames chrétiennes, quel est le danger où vous vous trouvez, lorsque
vous vous arrêtez trop aux douceurs d'une fausse paix, qui vous
rendent toutes languissantes dans
vos exercices de pieté ; & combien vous devez respecter les desseins de Dieu dans vos traverses &
dans vos tribulations qu'il ne permet que pour ranimer en vous le
feu de sa charité, c'est-à-dire l'a-

mour des vrais biens, l'union avec
Dieu, la mortification de foy-même, la compaffion & l'amour envers le prochain, l'humilité dans
les talens & les diftinctions ; la patience dans les épreuves, le zelé
pour la défenfe de la verité, &
un amour conftant & perfeverant
de la juftice & de la perfection
chrétienne.

Noblesse du Divin Amour .

Dieu seul peut nous remplir . quand
on scait le gouter
Le monde n'a plus rien qui nous puisse
tenter .

46

NOBLESSE
du Divin Amour.

LA nobleſſe & l'excellence de la creature raiſonnable dépend des raports, des liaiſons & des alliances libres & volontaires qu'elle a avec le ſouverain Eſtre, la ſource & le principe de toute grandeur & perfection : & tous ces raports ne produiſent en elle ces glorieux effets que par la qualité & la pureté de ſon amour.

Elle peut être l'image de Dieu independament de ſa volonté ; ſa ſubſtance ſeule luy donnant ce titre d'honneur ; mais elle ne peut être ſa reſſemblance dans ſon état moral que par la pureté & la ſainteté de ſon amour ; qui ſeul la peut faire agir avec cette juſtice & cette perfection qui convient à ſon auteur & à l'excellence de ſon être.

Deux amours bien differens par

M vj

tagent ordinairement tout le fort
des hommes, l'amour divin & l'a-
mour humain; c'eft-à-dire la charité & la cupidité.

La charité les fait enfans de Dieu,
fes heritiers, fes amis & fes épou-
fes. Voyez, dit l'Apôtre S. Jean,
les effets de la charité de nôtre
Dieu, qui fait que nous fommes
appellez, & que nous fommes en
effet fes enfans. C'eft à caufe de
cet amour qu'il nous traite de freres de Jesus-Christ, & fes
coheritiers, qu'il nous prepare un
trône de gloire, apres qu'il nous a
retiré de l'efclavage du demon, &
qu'il nous a honoré du titre de fes
amis.

Mais fi le divin amour nous eft
fi avantageux, l'amour propre nous
eft au contraire extremement fatal,
puis que c'eft par cet amour que les
Anges font devenus des demons,
c'eft-à-dire les plus viles & les plus
indignes des creatures,& que l'homme eft déchû pareillement de fa
dignité, & de fes premieres prero-

gatives, en devenant femblable aux
bêtes dans fes inclinations & dans
fes mœurs. *Comparatus eft jumentis in-*
fipientibus & fimilis factus eft illis.

Au contraire c'eft le divin amour
qui fait toute la nobleffe & l'excellence des Anges & des hommes.
C'eft luy qui a rendu ceux des Anges qui ont été fideles, les miniftres
& les premiers Princes de fon empire, & qui a rendu les hommes
par la grace de l'adoption, fes enfans & les heritiers de fon Royaume.

C'eft cet amour fuperieur qui a
fait preferer à ces heros Chrétiens
dans une apparente baffeffe les
grandeurs du ciel au phantôme
d'une vaine nobleffe, dont l'éclat
trompeur feduit tant de perfonnes.
Je dis d'une vaine nobleffe, qui
fouvent, helas, eft plûtôt l'effet
du hazard ou de la paffion que la
recompenfe d'une vraie & folide
vertu.

Il n'en eft pas ainfi de la nobleffe
que donne le divin amour à celuy

en qui il regne, & dont la conduite
& les actions n'ont rien qui dégé-
nere de sa grandeur & de ses perfections.

Telle est cette jeune éleve du divin amour. La nâissance & la fortune luy présentent des titres hô-
norables, de riches successions,
d'illustres ancestres, dont les restes
& la mémoire sont conservez dans
de riches tombeaux, afin de l'exciter à prendre un parti convena-
nable à sa noble extraction.

Mais cet appareil seduisant n'est
point capable de la surprendre ny
de la gagner, tandis-que le divin
amour l'instruit de ses dévoirs, &
lui offre des avantages infiniment
plus précieux & plus desirables.

C'est par le goût qu'il lui en inspire qu'elle méprise ces trefors,
ces armoiriés si augustes par ses alliances, qu'elle rejette ces medail-
les, ces bustes & ces portraits,
cet arbre d'une genealogie toute
distinguée, avec tous ces vains titres & monumens d'une noblesse

mondaine, qui font parmi les gens
du fiecle tant d'impreſſion, & qui
feduiſent tant de cœurs par l'éclat
& la magnificence qui les accom-
pagnent.

Toute occupée & penetrée des
grandeurs de ſa religion & des a-
vantages qui lui font offerts, &
que ſa foy & ſon amour luy font
reſpecter : elle ne ſe propoſe qu'à
s'en rendre digne par ſes engagemens dans les exercices de la vie
penitente & religieuſe, dont cette
égliſe ou ce monaſtere eſt la figure.

C'eſt à vous, jeuneſſe chrétienne,
c'eſt à vous qui meditez le cloître
ou le clergé, & qui enviſagez ces
états pour vôtre établiſſement, à
imiter le courage de cette amante,
en mépriſant à ſon exemple toutes
ces marques de la pompe mondaine, & en renonçant à tout ce
que le fiecle a de plus capable de
corrompre vos cœurs ; afin que par
ces fentimens & ces ſages précautions vous ne laiſſiez pas échaper
les precieux momens d'une ſainte

vocation, qui doit être le fondement de vôtre perfection, & de
vôtre bonheur éternel.

C'eſt dans ce juſte diſcernement, & dans l'attente de ces glo-
rieuſes alliances avec le divin a-
mour dans le ciel, que Saint Ignace s'écrioit ſi juſtement : Ah ! Seigneur, que les grandeurs de la
terre me paroiſſent vaines & mé-
priſables, quand je conſidere celles
qui nous ſont promiſes dans le
ciel ; & que Saint Paul diſoit à
Dieu : Ouy, Seigneur, toutes choſes me paroiſſent comme du fumier en comparaiſon de l'honneur
de vous appartenir.

Insatiabilité du Divin Amour

Le veritable amour ne refroidit ja=
mais,
Et plus on conoist Dieu plus on sent ses
attraits

INSATIABILITE'
du Divin Amour.

Quand il plaît à Dieu de se faire connoître à une ame qui le cherche, quand il la veut lui-même instruire de ses mysteres, qu'il lui rend sensibles les veritez de sa religion, & qu'il luy en découvre l'excellence & les avantages par le moyen d'une foy également lumineuse & pleine d'onction; on ne sçauroit comprendre combien cette ame reçoit alors de force, & avec quel goût & quel attachement elle s'occupe de ses mysteres. Rien ne lui paroît comparable, & elle experimente dans la vûë de ces prodiges des impressions d'amour qui la détachent souverainement de tout ce qu'il y a sur la terre de plus grand & de plus capable de la charmer. C'est en JESUS-CHRIST son adorable fils que toutes ces beau-

tez se manifestent, parce qu'il est
non seulement luy-même la verité & la vie, mais encore la voye
qui nous conduit à la connoissan-
ce & à l'amour de toutes ces merveilles.

Vous le sçavez, ames choisies,
vous qui êtes appellez à l'oraison,
& qui vous occupez de ce grand
objet de la vie spirituelle, qui penetrez les mysteres de son amour,
& qui en experimentez les saintes douceurs, puisque c'est dans
ces exercices spirituels, que vous
jouissez principalement de sa pré-
sence, & que vous devenez les
confidentes de ses secrets, les témoins & en même tems les objets
de sa tendresse.

Heureuse donc est l'ame à qui
Dieu daigne se manifester soy-même, c'est-à-dire ses perfections, ses
bontez, ses douceurs, & generalement tout ce qu'il a bien voulu
être à nôtre égard selon les grands
desseins de sa charité & de son a-
mour, quelle paix ne lui en revient-

il pas? Quelle haute eſtime, quel
reſpect, quel amour & quelle reconnoiſſance !

On eſt bien tôt las de voir &
de converſer avec les creatures,
lorſqu'on eſt ſans paſſions. Les perfections qu'on s'attend de trouver
en elles ont bien tôt rebuté nô-
tte curioſité, & leurs foibleſſes ont
bien tôt changé nôtre empreſſement & nôtre eſtime en dégoût.&
en mépris.

Il n'en eſt pas de même à l'é-
gard de Dieu, le deſir de voir & de
contempler ſes divines perfections
augmente à meſure qu'il nous les
manifeſte, & que nous en medi-
tons les merveilles & les avantages.

C'eſt ce qui paroît ſenſiblement
dans nôtre Emblême à l'égard de
nôtre amante, & à l'occaſion de
l'obligeante entrevûë de ſon divin
époux. Elle ne peut trop le regarder & l'admirer dans les charmes
divins avec leſquels il daigne ſe
montrer à ſon eſprit & à ſon cœur.
Elle deſireroit que les precieux mo-

mens de cette gratieuſe entrevûë
duraſſent toûjours, ainſi que le de-
ſiroit l'Apôtre S. Pierre ſur le Ta-
bor, qui charmé de la beauté &
de la gloire de ſon divin Maître,
goûtoit des conſolations qui ne ſe
peûvent exprimer.

Mais l'état preſent de ſes miſeres ne lui permettant pas de joüir
long-tems de ce bonheur, elle ſe
propoſe dans les privations & les
abſences de ſon bien aimé, d'imiter Magdelaine la chere amante,
qui par l'ardeur de ſon zele, mul-
tiplioit au tombeau ſes recherches
dans le deſir de voir celui qu'elle
y avoit déja cherché inutilement.

En effet, dit S. Gregoire, il ne
ſuffit pas à celui qui aime d'avoir
déja cherché le bien aimé de ſon
cœur, il multiplie toûjours ſes recherches dans l'eſperance de le
trouver & de le poſſeder. *Amanti
ſemel aſpexiſſe non ſufficit, quia vis amo-
ris intentionem multiplicat inquiſitionis.*

Il en eſt de même de cette amante. Sçachant par ſon experien-

ce combien il est rare de joüir ainsi de la presence du divin amour:
elle se persuade ne pouvoir jamais
le voir assez, & c'est pourquoy elle
s'attache à profiter de ces heureux
momens, & à donner à son amour
toute l'étenduë qu'il lui est possible,
en se proposant de ne jamais rien
faire qui puisse donner lieu à ses ab-
sences, & de faire au contraire
tout ce qui sera en son pouvoir
pour ne se pas rendre indigne de
pareilles faveurs.

C'est à cet effet qu'elle a quitté
son carquois, son arc & ses fleches, afin de ne plus disputer avec
luy d'un cœur qui lui appartient
par tant de justes titres.

Si donc, ames devotes, vous de-
sirez vous disposer à recevoir du
Saint Epoux les mêmes faveurs,
imitez la pureté de ses mœurs,
son éloignement du monde, son ou-
bli des creatures, son esprit de mortification, sa fidelité à pratiquer
la vertu, son attachement dans ses
exercices spirituels, le calme de sa

conſcience, & ſon horreur de toute
affection au peché, ſans quoy vous
ne pouvez attendre la grace de
ſes precieuſes viſites.

Car, dit Saint Bernard, comme
l'haleine ternit le miroir, & que
la moindre agitation de l'eau efface
les beautez que le ſoleil par ſa preſence y avoit imprimées. De même la moindre odeur du peché,
c'eſt-à-dire les moindres imperfections volontaires, les moindres
agitations d'eſprit & épanchemens
de cœur vers la creature, effacent
en nos ames les ſplendeurs de cette
divine preſence & nous en ôrent la
vûë. C'eſt donc ce que vous devez
ſoigneuſement éviter, ſi vous voulez que le divin amour vous hono-
re de ſes bien heureuſes viſites en
la maniere qu'il le fait à l'égard
de nôtre amante. *Beati mundo corde
quoniam ipſi Deum videbunt.*

Magnanimité du Divin Amour,

Pour un parfait amant il n'est rièn
d'impossible,
Et quand on court a Dieu, nul chemin
n'est penible

48

MAGNANIMITE' du Divin amour.

LA magnanimité est une vertu qui ne consiste pas seulement à entreprendre de grandes.
choses, & à les executer d'une maniere noble, sublime & avec éclat;
mais encore à suporter genereu-
sement & avec égalité d'esprit &
de bonne grace les plus fâcheux
évenemens.

Cette vertu n'est pas du commun, elle est d'un ordre superieur,
& elle renferme ce qu'il y a de
plus fort & de plus élevé dans toutes les autres vertus. Elle ne se trouve vrayement, ny utilement, que
dans le christianisme, & l'on peut
dire qu'elle n'étoit dans les heros
du paganisme que l'effet de l'amour
propre, & de la grandeur de leur
ambition.

Les vrais magnanimes ne se trou-

vent que parmy ceux qui ſervent
Dieu, & qui par leur zele pour
l'obſervation de ſes loix & la défenſe de ſa religion, entrepren-
nent de grandes choſes, & s'expo-
ſent aux évenemens les plus difficiles & les plus à craindre.

Tels étoient les anciens chefs
du peuple de Dieu, qui pour le
maintient de ſa gloire & la défenſe
des-autels, animez d'une force divine, ont ſoûtenu les plus rudes
combats, & ſoufferts les épreuves
les plus accablantes, avec une force d'eſprit & un courage inſur-
montable.

De ſorte que les vrais magnanimes ſont ceux qui par J E S U S-
C H R I S T ſont délivrez de leurs
paſſions, & non ceux qui en-ſont
eſclaves & ſont dominez par la vanité. Cette vertu ne ſe pouvant
trouver que parmi ceux qui poſſedent les vrayes vertus, & non parmi ceux qui ne les poſſedent que
ſuperficiellement & en apparence.

Les vrais magnanimes ſont ces
hommes

hommes diftinguez, dont la force
& le courage ne fuccombent fous
aucune difgrace, non pour être
eftimez forts & courageux comme
faifoient les Payens, mais parce
qu'ils veulent honorer Dieu & ma-
nifefter en eux fa protection & la
force invincible de fa grace.

Si donc par cette vertu on con-
çoit des hommes fermes & intre-
pides; à qui peut-on mieux attribuer ces qualitez qu'aux Chrétiens,
puifque les plus foibles d'entr'eux
ont défié les tyrans, & ont par la
grandeur de leur vertu & de leur
confiance, fouffert la mort & les
plus rudes fuplices fans être ébranlez.

Enfin fi on tient pour magnanimes ceux qni méprifent les trônes
& les couronnes, & tout ce qui
brille & féduit dans le fiecle. Y en
a-t-il qui le faffent plus fincerement & plus genereufement que les
Chrétiens qui regardent toutes ces
chofes comme un phantôme de
grandeur indigne de leur eftime,

N

de leur recherche & de leur amour?

Ouy encore uné fois, cette vertu ne ſe trouve dans ſa pureté que dans le Chriſtianiſme ; & il n'y a que les ſerviteurs du Dieu que nous adorons en qui cette rare & excellente vertu peut veritablement ſe trouver

Tels ont été les Martyrs de JESUS-CHRIST, tels ces genereux Conféſſeurs, qui pour ſoûtenir & défendre la cauſe de la verité & de la religion, ſe ſont expoſez volontiers à la mort, aux exils & à tous les mauvais traitemens des puiſſances de la terre.

Tels ces hommes Apoſtoliques & ces zelez Miſſionnaires qui vont porter la foy chrétienne dans les pays étrangers à des peuples indociles & barbares parmi toutes ſortes de dangers & de perils.

Tels enfin ces genereux Penitens & ces ames Religieuſes à qui rien n'eſt difficile, pourvû qu'ils ſatisfaſſent à la juſtice de Dieu, où qu'ils parviennent au terme de la perfection, à laquelle le divin amour les appelle pour édifier l'Eglife & faire honneur à l'Evangile par l'exacte pratique de fes maximes & de fes confeils.

Cette verité eft ingenieufement reprefentée dans nôtre Emblême. C'eft une jeune amante qui a con-çuë une haute idée & un grand a-mour de fa perfection, à laquelle elle s'eft propofée de travailler de toutes fes forces. C'eft dans cette refolution & pour en perfuader fon divin amant qu'elle s'expofe fur ces eaux profondes & rapides, qui fi-gnifient fes paffions, qu'elle entre-prend de dompter par le fecours d'une continuelle mortification.

Les inftrumens de fon amour luy tiennent lieu de tout pour cette entreprife ; fon carquois luy fert de bàteau & fon arc de rame, & la feule confolation qu'elle a dans le trajet de fes paffions qu'elle a à dompter, eft de regarder fon divin amant, l'auteur & le témoin de fon entre-prife, & d'en être regardée.

Mais que trouvera-t-elle quand elle fera à bord, c'eſt-à-dire quand elle aura ſoumiſe ſes paſſions les plus profondes & les plus violentes, ſinon des rochers & des montagnes eſcarpées, c'eſt-à-dire toutes ſortes de difficultez de la part de ſes mauvaiſes habitudes, de ſes repugnances naturelles, des tentations du demon, des autres épreuves & obſtacles de la part du monde & de ſa propre chair qu'il luy faudra ſurmonter, avant qu'elle puiſſe parvenir au terme de ſon entrepriſe.

C'eſt à quoy elle ſe détermine, & à quoy vous devez vous-même, ames chrétiennes, vous determiner dans la même entrepriſe que vous devez faire ſelon vôtre vocation & vos differens états, en imitant le courage, la conſtance & la perſeverance de nôtre amante, & en vous ſouvenant qu'il n'y aura que ceux qui ſe feront violence qui parviendront au royaume des Cieux.

Incorruption du Divin Amour

Non, la beauté du monde et la volupté
même
Ne peuvent point, grand Dieu, corrompre
un cœur qui t'aime.

INCORRUPTION DU DIVIN AMOUR.

LA charité eſt en nous un ſel divin, qui nous inſpirant la vraye ſageſſe & une équitable diſcretion, nous preſerve de la corruption des paſſions, & donne à tout ce que nous faiſons une bienſéance, un goût & une onction autant agreable à Dieu qu'édifiante envers le prochain. *Charitas non agit perperam.* 1. Cor. 13.

C'eſt pour donner de l'attention à toutes ces aimables qualitez que Dieu dans l'ancienne loy ordonne d'aſſaiſonner de ſel toutes les victimes qui lui étoient offertes en ſacrifice, afin que ceux qui en étoient les miniſtres, & ceux pour qui elles étoient offertes appriſſent à ſe rendre eux-mêmes incorruptibles dans leurs mœurs, qu'ils accompagnaſſent leur conduite d'une ſage moderation, & fiſſent leurs oblations au ſouverain Eſtre dans les ſentimens d'un amour pur & tout religieux.

C'eſt ainſi que le ſel de la ſageſſe & de la circonſpection aſſaiſonnant

toutes leurs actions, leurs paroles
& leur conduite devenoient comme un facrifice continuel de juftice,
de verité d'innocence & d'amour;

Nôtre divin Sauveur dans la
nouvelle alliance nous a commandé la même chofe, lorfqu'il nous
avertit d'avoir en nous & dans nôtre conduite le fel de la fageffe
chrétienne, afin de procurer & de
conferver la paix & la charité avec
le prochain : & il nous fait cette
leçon comme s'il difoit, foyez fages de cette fageffe qui donne l'humilité de cœur; vertu en laquelle
confifte la vraye fageffe, ainfi qu'il
eft dit dans les livres faints. *Vbi humilitas, ibi fapientia.* Pro. 11.

En effet avec une perfonne de
ce caractere qui ne contredit mal
à propos à aucun, qui aime à ceder à tous felon la raifon & la juftice, qui fuit les avis des fages, &
qui par cette déference fe rend
propre la fageffe de tous les autres,
qui fupporte les foibles, qui tâche
à édifier fans chercher fa propre
fatisfaction, mais celle des autres;

peut-on n'y pas trouver la paix, le bon exemple & l'union.

Mais fi Dieu a commandé dans l'ancienne Loy d'affaifonner avec le fel les offrandes ou les victimes qui luy étoient prefentez; il a auffi d'un autre côté défendu qu'on luy offrit dans les facrifices le miel que le demon avoit introduit dans les offrandes des Payens, parce que comme par le fel Dieu vouloit apprendre aux hommes la fageffe & la puteté avec laquelle on luy doit offrir des facrifices, il vouloit auffi par la défenfe de luy offrir le miel faire entendre qu'il rejettoit de fes facrifices ce fruit delicieux qui flatte les fens, & qui eft le fymbole de cette fenfualité, qui eft en nous la fource de l'impudicité. C'eft ce vice fi commun, fi univerfel & fi abominable dont le fel, c'eft-à-dire la vraye fageffe, eft le remede ou le préfervatif felon l'efprit & le fens moral de ce Commandement.

L'Eglife dans le même efprit a continué l'ufage du fel dans le Ba-

ptême, qui est le premier & le plus
neceſſaire des Sacremens , où le
Prêtre, qui en eſt le Miniſtre or-
dinaire, dit au Cathecuméne, Recevez le ſel de la ſageſſe, qui eſt
auſſi le ſymbole de la grace , qui
nous fait prendre goût aux choſes
les plus mortifiantes, comme ſont
les œuvres de la penitence chrétienne qui purifient ou préſervent
nos corps & nos ames des vices &
de l'infection du peché, comme le
ſel conſerve & préſerve de la corruption les choſes ſujettes à ſe gâter.

Approchez donc, ames fidelles,
de vôtre divin Maître, & recevez
avec joye & reconnoiſſance à l'i-
mitation de nôtre amante, le ſel
du divin amour , qui doit operer
en vous tous ces grands effets dans
la conduite de vos mœurs & de
vôtre perfection.

Ouy, cet amour, qui a de ſoy-
même la douceur du miel, ne laiſ-
ſe pas à nôtre égard d'avoir la
force & la vertu du ſel , & il nous
eſt donné pour nous avertir de la
ſageſſe & de la diſcretion qui ſe

doit trouver dans les exercices de
la vie ſpirituelle où vous vous trouvez engagez, ſoit par le Baptême,
ſoit par les obligations de vos
vœux ; puiſqu'il vous eſt donné
comme un remede ou un préſer-
vatif contre la ſenſualité & la moleſſe qui eſt l'ennemie de toute
vertu & perfection, & pour vous
empêcher de tomber dans le dégoût ou le relâchement dans vos
devoirs & dans vos exercices ſpirituels.

Vous le devez recevoir encore
comme le ſymbole & le principe
de cette retenuë qui doit accompagner vôtre conduite. afin de ne
pas déplaire aux yeux purs & innocens de vôtre ſaint époux, & de
porter dans tous les cœurs le reſpect, la modeſtie & le bon exemple.

C'eſt ainſi que vous ferez honneur à vôtre engagement, ſoit dans
le Baptême ou dans vôtre ſainte
vocation, en rendant vôtre conduite exempte de tout reproche,
& vos œuvres toutes agreables au
divin amour. N v

Que ſi ce ſel de la prudence chrétienne & de cette ſage diſcretion
de la charité ſainte vous gêne quelquefois & vous demande quelque
contrainte par rapport à la nature
& à vos inclinations, ſouvenez-vous
que Dieu, qui défend le miel dans
les ſacrifices qui luy ſont offerts,
vous défend en même temps de
vous rendre trop ſenſibles & delicates dans les choſes qui regardent vôtre perfection & vôtre ſalut : & n'oubliez pas qu'il ne
vous exhorte de prendre & de
vous ſervir du ſel de la charité
& du divin amour, que pour
vous mortifier & que pour exciter
en vous de plus en plus vôtre ſoif
pour toutes les œuvres de la juſtice & de la perfection chrétienne,
en quoy conſiſte le principal effet
de ſon amour.

C'eſt pour parvenir à cette fin que
nôtre amante ſe propoſe de profiter
des avertiſſemens de ſon divin Maître, nonobſtant la difficulté de ces
moyens & les repugnances de ſa
nature.

L'Amour affranchi de la crainte Servile

Bannissons loin de nous une Servile
crainte,
Le veritable amour ignore la contrainte.

L'AMOUR
AFFRANCHI
de la crainte fervile.

LORSQUE le divin amour veut
regner dans un cœur, il s'attache à en éloigner la crainte comme un obftacle à fes deffeins & à fes
progrés. Plus il augmente en nous,
plus la crainte diminuë, & à mefure qu'il penetre & purifie nos affections, plus la crainte s'en retire,
comme fi cette vertu, je parle
de la charité, étoit incompatible
avec cette paffion, ou que cette
paffion eut honte de paroître en
prefence de cette fouveraine des
cœurs.

Cependant, quoyque le caractere de l'amour repugne de faire alliance avec la crainte dans un même cœur, il faut avoüer que pen-
N vj

dant cette vie, où l'homme se trouve toûjours incertain par rapport à
son salut, la crainte chaste est inse-
parable de la charité.

Ce ne sera que dans le Ciel, où
la charité se trouvant en nous dans
toute sa perfection en bannira toute crainte ; puisque, dit saint Augustin, aucune crainte ne se pourra trouver dans cette trés-certaine
securité des joyes heureuses de
l'autre vie. *Nullius generis timor esse*
poterit in illâ certissimâ securitate perpe-
tuorum feliciorumque gaudiorum l. 14.
De civi. c. 9.

Et si le S. Prophete, dit ce saint
Docteur, assure que la crainte chaste sera éternelle dans les bienheureux ; cela ne se doit entendre que
dans le même sens de la patience
du pauvre qui, selon le même S.
Prophete, n'aura point de fin quant
à son effet & à sa recompense, dit
ce saint Docteur. *Sicut enim dictum est*
patientia pauperum non peribit in finem ,
scilicet quoad mercedem suam : sic dictum

eſt timor Domini caſtus permanens in ſæculum ſæculi, quia id permanebit quo timor ipſe perduxit.

Mais pendant cette vie, & au milieu de tant de dangers & d'ennemis, qui des plus juſtes même peut ſe trouver ſans aucune crainte?

Il eſt donc important de ſcavoir qu'elle eſt cette crainte qui peut ſe trouver avec la charité dans un cœur qui aime Dieu comme ſource de toute juſtice, & qu'elles ſont les autres craintes qui luy ſont incompatibles, ou qui à peine ſe trouvent avec elle.

Les Theologiens en remarquent de quatre ſortes, ſcavoir une crainte mondaine, une crainte ſervile, une crainte initiale & une crainte filiale.

La crainte mondaine eſt celle qui nous faiſant regarder les biens & les maux temporels comme des biens & des maux ſouverains, nous porte au-delà de la raiſon & de l'ordre à craindre le monde, foit parce qu'il nous peut dépouiller de ces biens, foit parce qu'il nous peut accabler de ces maux.

Cette crainte eft dereglée & mau_vaife, parce que nôtre Seigneur nous défend de craindre ceux qui peuvent nous ôter la vie du corps, comme fi le corps étoit le bien principal qu'on dût aimer ou dont la perte fut un mal qu'on dût crain-dre jufqu'à violer la loy de Dieu, qui peut nous châtier de la dam-nation éternelle qui eft le plus grand de tous les maux. Cette crainte eft incompatible avec la charité, parce qu'elle nous éloigne de Dieu qui eft le fouverain bien, ainfi que de fes commandemens & & de fes confeils, comme étant des obftacles qui nous empêchent de jouir tranquillement des dou-ceurs du fiecle.

La crainte fervile eft celle, qui nous faifant confiderer les biens & les maux temporels comme les

feuls biens qu'on doive rechercher
& les feuls maux qu'on doive apprehender , nous porte à recourir
à Dieu comme ayant le pouvoir
de nous donner ces biens, ou de
nous garantir de ces maux.

Cette crainte eft bonne quant à
fa fubftance , parce qu'il eft bon
de craindre Dieu qui peut, dit nôtre Seigneur, envoyer nôtre corps
& nôtre ame dans la gêne éternelle, & parce que, fuivant S. Auguftin, on doit plûtôt s'affliger que
fe réjouir de la perte même des
biens temporels. *Bonorum temporalium*
amiffione potiùs dolendum eft , quàm la-
tandum.

Cette crainte eft un don de Dieu,
quoy qu'elle ne foit point un don
du S. Efprit habitant en nous ; parce que , felon le S. Apôtre , nous
n'avons pas reçu l'efprit de fervitude pour vivre encore dans la
crainte comme les Juifs qui l'a-
voient ainfi reçûs : de forte qu'elle
n'eft mauvaife & incompatible avec

la charité, qu'en fuppofant fon motif purement fervile & l'affection au peché, n'étant alors qu'un effet d'un amour purement mercenaire, ainfi que le faint Concile de Trente l'explique.

La crainte initiale eft celle qui, nous faifant apprehender les maux fpririruels, comme font l'injuftice, l'erreur, le menfonge, le peché, &c. comme étant les fouverains maux qu'on doive craindre, nous porte à les fuir non feulement à caufe d'eux-mêmes, mais encore par raport à nous-mêmes & aux peines que noûs en pouvons fouffrir. Cette crainte eft compatible avec la charité, quoy qu'elle ne foit point parfaite dans l'ordre de la pure charité qui doit nous propofer ces objets, comme étant les vrays & feuls motifs de nôtre crainte, & cette crainte provient d'un amour de concupifcence.

La crainte filiale eft celle qui nous fait apprehender ces mêmes

maux fpirituels & éternels comme
font la privation de Dieu, l'injuftice, l'erreur, le menfonge, le peché, *&c.* à caufe d'eux-mêmes &
de leur malice ; & cette crainte
provient de l'amour de bienveil-
lance qni nous porte à n'aimer
Dieu que pour luy-même. Cette
crainte eft toute chafte, elle eft
non feulement compatible avec la
charité, mais encore fa fidelle
compagne.

Cette verité eft reprefentée
dans nôtre Emblême. Le divin
amour y paroît tout-occupé à chaf-
fer le petit animal timide & crain-
tif du lieu où il vouloit s'établir,
& la jeune amante de fon côté ne
fe fert de fon alêne dans fon travail que pour l'en retirer à mefure
qu'elle introduit dans fon ouvrage le fil qui affemble les pieces
qui le compofent & le doivent perfectionner.

Ce fil, dit faint Auguftin, refte
dans fon ouvrage, & l'alêne en

eſt retirée pour nous faire comprendre que nous pouvons nous
ſervir de la crainte pour introduire dans nos cœurs la charité, cet
amour ſuperieur & fecond qui doit
aſſembler en nous toutes les vertus pour compoſer l'œuvre de nôtre perfection & de nôtre ſalut.

Felicité du Divin Amour.

Heureux qui méprisant les delices
  funestes;
Reçoit des icy-bas l'avantgoust des celestes.

FELICITE'
du Divin Amour.

C'EST le divin amour qui commence dés cette vie nôtre félicité, en éloignant de nos cœurs l'amour propre qui eſt la ſource de tous nos pechez & de toutes nos miſeres, & en y mettant la charité qui eſt la mere de toutes les vertus & de tous les biens.

Rien ſur la terre n'eſt comparable à ſes douceurs & à ſes conſolations ; & la joye d'un avare qui augmente ſes richeſſes, d'un ambitieux qui réuſſit dans les projets de s'agrandir & d'un voluptueux au milieu de ſes plaiſirs, n'eſt qu'une foible image de celle que goûte une ame qui eſt en commerce avec le divin amour.

Ouy, la joye d'une bonne conſcience, c'eſt à-dire, d'un cœur entierement éloigné du peché, qui aime ſouverainement l'ordre, la verité & la juſtice, eſt une fête continuelle, felon S. Auguftin, où l'ame joüit d'une fatisfaction complete. *Beata vita, gaudium de veritate de juftitiâ*, &c.

En effet, quand eft-ce que l'avare, l'ambitieux & le voluptueux difent au milieu de leur abondance, c'eft affez. Leurs defirs font-ils contens, & leurs cœurs font-ils pleinement raffafiez? Non fans doute, non puifqu'ils reffentent encore au milieu de leurs fatisfactions des vuides, des indigences, & fouvent des peines & des dégoûts infuportables: au lieu que ceux qui font penetrez de l'amour de la verité & des œuvres de juftice demandent fouvent à Dieu qu'il les épargne dans les confolations qu'ils en reçoivent.

C'eft dans cette heureufe experience que les Xaviers & les Therefes fe plaignoient fi amoureufement dans l'abondance des douceurs dont ce faint amour les combloit; & ce qui a fait conclure au S. Prophete qu'une affreufe folitude, qu'une auftere penitence, &

qu'une humble retraite dans la
compagnie du divin amour étoient
plus delicieuses que toute la gloire
& que tous les charmes de ceux qui
vivent dans les palais, & dans l'a-
bondance de toutes fortes de plaifirs.

Nôtre divin Sauveur nous l'af-
fûre luy-même, lorsqu'en parlant
de sa grace & de son amour, il les
compare à une eau vive qui éteint
la soif & donne la vie, au lieu que
le propre amour ne presente que
des eaux croupies qui ne font qu'alterer & causer la mort.

C'est ce qui a fait dire à S. Gregoire que celuy qui a connu parfaitement les douceurs de la vie spirituelle, quitte sans peine tout ce
qu'il aimoit dans le monde avec le
plus d'attachement & de passion.
Il y abandonne même ce qui pouvoit luy être le plus cher, & il y
répand sans peine ce qu'il tâchoit
d'y amasser avec le plus d'affection
& d'estime. Son cœur s'enflammant
par le desir de la perfection, méprise ce qui luy paroissoit aupara-

vant le plus digne de son choix &
de sa préference, & la splendeur
des richesses spiritueles de son ame
efface tout l'éclat des prosperitez
de la terre.

Nôtre amante se trouve heureusement dans cet état. Le divin a-
mour, aprés avoir assemblé en elle
toutes les vertus, fait toute sa felicité ; & cet amas de richesses spirituelles qu'il tient entre ses mains,
est autant le fondement de ses saintes complaisances pour cette amante, que de la joye dont elle est elle-même penetrée par raport à la
gloire qui en revient à son divin
amant.

C'est dans la retraite, & en ac-
complissant tous les devoirs de la
justice, de la prudence, de la temperance, de l'obéissance, de la pureté, de la fidelité & de la constance dans la vertu, signifiez par cette
solitude, ces rênes, ces balances,
ce miroir, ces colonnes de marbre
& cette chaste tourterelle, qu'elle
triomphe du monde representé par
le globe qu'elle foule aux pieds,

& dont elle méprife les douceurs
& les charmes qui font icy repte-
fentez par ces beaux appartemens,
ces jardins, ces parteres & ces pro-
menades, où la curiofite, la moleffe & la fenfualité corrompent
tant de cœurs.

C'eft ainfi, ames devotes, que
vous joüirez de l'amitie & des faveurs du divin amour, fi vous tâchez comme cette amante à acquerir le riche trefor des vertus,
en renonçant aux pompes & aux
vanitez du fiecle à fon exemple.

Cette obligation eft indifpenfable, & elle eft fondée fur l'impof-
fibilité qu'il y a d'aimer avec attachement enfemble le Createur &
la creature, Jefus-Chrift & le monde, la verité & le menfonge, la lumiere & les tenebres, la grace &
le peché qui font des chofes ina-
liables, & entierement contraires
& oppofez.

Banniffez donc de vos cœurs,
ames fidelles, l'amour du monde &
la propre volonté qui font les deux
plus grands obftacles à vôtre avan-

cement fpirituel & aux faveurs du divin amour : car ne vous y trompez pas , quoyqu'il foit tendre & liberal , il ne prodigue pas toutefois fes liberalitez , & fa juftice fcait les mefurer felon le merite & là fidelité de ceux en qui il trouve bon & à propos de les répandre.

Travaillez donc , travaillez bien ferieufement à vous délivrer de tous ces empêchemens , & à vous éloigner de toutes les occafions qui vous y expofent , ou qui vous y retiennent.

Entrez tout de bon & avec une plenitude de volonté dans la pratique de ces vertus interieures , medecinales & mortifiantes qui vous font recommandez fi expreffement par ces differens fymboles dont nôtre amante fait elle-même une offrande au divin amour , comme étant les fruits de fa grace & les feuls moyens de parvenir à cette douce felicité de ne plus vivre qu'en fa compagnie dans une fainte liberté & dans les careffes innocentes de fon amour.   ABAN.

Abandon du Divin Amour

*Marchons sans nous lasser, dans
la Sainte carriere
Et sans perdre de tems usons de la
lumière.*

52

ABANDON
du Divin Amour.

DEux amours bien contraires, l'amour divin & l'amour humain ont bâti deux citez bien differentes. L'amour divin fur le chemin de Jerufalem a bâti fur la montagne fainte l'heureufe cité des juftes & des prédeftinez, & l'amour prophane fur le chemin de Babylone a bâti la malheureufe cité des méchans & des reprouvez.

L'amour divin foule le monde à fes pieds. L'amour prophane au contraire le careffe & le met fur fon cœur comme le principal objet de fes penfées, de fes defirs & de fes affections.

La cité fainte eft élevée fur une haute montagne toute environnée de lumiere, joüiffant d'un air pur, & des faintes ardeurs du Soleil de

O

juftice ; & la cité prophane de Babylone eft enfoncée dans le bour-
bier des plaifirs fenfuelles, elle eft
dans les tenebres, & elle n'exhale
que des feux pleins de fouffre &
tout empeftez de la corruption de
fes habitans.

L'amour divin éleve la croix de
JESUS comme l'inftrument du
falut & le feul moyen d'y parvenir. L'amour prophane au contraire vante l'efprit du monde, fes maximes, fon ambition, fes modes,
fes vanitez & fa moleffe pour corrompre fes partifans, & les conduire à l'enfer.

Ce paraleile fans doute vous fur-
prend, & doit vous donner des
penfées & des fentimens bien oppofez. Mais ce que nous devons icy
remarquer davantage, & ce qui
doit nous épouvanter eft l'état dan-
gereux de cette amante infidelle,
qui delibere fur le choix qu'elle
doit faire de l'un ou de l'autre de
ces deux amours fi differens.

Elle étoit dans l'image preceden-

te avec son bien aimé à l'ombre
de sa croix & de ses autels, éloi-
gnée du monde, de ses spectacles,
de ses plaisirs, & de ses vanitez.
Presentement elle est seule, assise
sur une motte de terre, regardant
comme à regret la pointe d'une
fleche du divin amour, qui l'a au-
trefois si vivement blessée, & dont
la playe lui étoit si salutaire.

Sans doute que cette infortunée
amante a commis quelque grande
faute, puis que le divin amour s'en
est éloigné, & que l'amour prophane
semble vouloir s'en raprocher pour
se rendre le maître de son cœur.

Peut-être, helas, que ce changement ou que ce malheur n'a com-
mencé d'abord que par des fautes
legeres, qui l'ont insensiblement
portée au relâchement dans ses devoirs & au dégout de son état jusqu'au point de lui rendre encore
agréable ce malheureux monde
qu'elle avoit méprisé & si gene-
reusement quitté. O que cette infidelité lui coutera cher, & lui atti-
rera de maux !   O ij

En effet aprés avoir goûté les
dons celeftes, aprés avoir partici-
pé aux delices faintes de la table eu-
chariftique, de ces pieufes & ferventes meditations, qui font le
feftin le plus charmant de nos ames,
commettre une fiénorme infidelité
qu'en doit-on attendre, finón un
abandon de Dieu & de fon amour?

Il ne faut pas s'excufer fur la lege-
reté de ces premieres fautes, comme on a coûtume de le faire, puifqu'elles peuvent devenir mortelles,
non d'elles-mêmes, mais par la con-
tumace & l'orgüeil du cœur impé-
nitent, qui neglige le foin de s'en
corriger, & qui fouvent les défend
par un aveuglement opiniâtre &
tout volontaire; puifque, felon S.
Auguftin, ces pechez deviennent
quelquefois un poids auffi accablant
que le feroit d'abord une offenfe
mortelle.

Qu'importe, dit ce S. Pere, qu'on
faffe naufrage par une tempête qui
fe fera élevée tout d'un coup, ou
que le vaiffeau coule à fond par

l'eau qui y fera entrée peu à peu
par la negligencedes matelots.*Quid
intereſt ad naufragium , utrùm uno gran-
di fluctu navis aperiatur & obruatur,
aut paulatim ſubrepens aqua in ſentinam,
& per negligentiam derelicta atque con-
tempta ; impleat navem atque ſubmergat.*

Tâchez donc, ames devotes &
religieuſes, tâchez à vous obſerver
en toutes choſes , & à ne rien né-
gliger de ce qui peut vous conſerver & maintenir dans la grace de
vôtre vocation : Craignez , ah !
craignez que le demon qui a été
chaſſé de vos cœurs avec le peché,
dans vôtre converſion, ne faſſe de
nouveaux efforts pour y revenir a-
vec encore plus de malice & de violence: car il n'eſt jamais plus à craindre que lors qu'il a été vaincu.

C'eſt pourquoy il faut être toûjours ſur ſes gardes, & ne ſe point
repoſer ſur ſes premieres victoires
de crainte de retomber dans ſon
eſclavage, & dans un état pire que
le premier ; ainſi que nôtre Seigneur nous en menace luy-même

dans son Evangile, & comme il
arrive en effet à l'égard d'une a-
mante infidelle.

Cette perfidie & cette ingratitude ne se trouvent, helas! que trop
souvent dans la plûpart des Chrétiens. On regarde comme chose
indifferente de s'éloigner de Dieu
& de l'abandonner pour de vaines creatures. Cependant quelle
perte ne fait-on point en se separant de cet appuy & de cette source de tous les biens ! Et n'est-ce pas
par ce moyen se livrer à ses plus
grands ennemis, & à ce que nous
avons de plus à craindre ?

Ne souffrez pas, Seigneur, que nos
ames qui sont vos épouses fassent
un tel divorce, & une si effroyable
division avec vous qui êtes le plus
aymable des époux : tenez-les toûjours attachées à vous par les liens
d'une crainte salutaire & d'un a-
mour fidele ; afin qu'elles ne tom-
bent jamais dans cette funeste sepa-
ration, qui ne peut leur causer
qu'une misere & qu'une confusion
éternelle.

L'amour ennemie de l'orgueil.

L'Amour bannit l'orgüeil. O! Dieu ce =
lui qui t'aime
Enchanté de toy seul Se meprise luy
même

L'AMOUR ENNEMIE
DE L'ORGUEIL.

IL n'eſt rien que Dieu ait tant
en horreur que les ſuperbes ; &
il n'y a rien au contraire qu'il che-
riſſe davantage que les humbles.
Le deſſein de Dieu dans la creation
du monde a été qu'en formant des
creatures avec tant de belles qualitez, celles qui ſeroient doüées
de raiſon & de liberté s'en occu-
paſſent pour le loüer & le glorifier.

Les ſuperbes ne luy rendent
point cette juſtice, ne s'occupant
que d'eux-mêmes, & en ſe raportant tout ce qu'ils remarquent en
eux de talens & de perfections, ſoit
pour s'y complaire, ou pour en tirer de la loüange & de l'eſtime
parmy les hommes.

Les humbles au contraire tout
occupez de Dieu, luy raportent
tout ce qu'ils remarquent en eux

de parfait & de loüable, pour l'en glorifier, & s'ils s'occupent d'eux-mêmes, ce n'eſt que pour ſe confondre dans la vûë de leur miſére & de leur foibleſſe, en regardant leur neant comme la ſeule choſe qui leur appartient.

Cette difference qui ſe trouve entre les humbles & les ſuperbes vient des differens amours qui les animent, l'amour propre & l'amour divin font tout leur caractere & leur difference.

En effet, il n'eſt rien que l'amour propre nous inſpire tant que la ſuperbe, & il n'eſt rien que l'amour nous inſpire davantage que l'humilité. C'eſt ce qui fait que ces deux amours dans un même cœur ſont incompatibles : & il n'eſt point de marque plus certaine pour connoître lequel des deux amours regne en nous que ces deux choſes, l'humilité & la ſuperbe.

JESUS-CHRIST nôtre admirable Maître eſt venu ſur la terre pour nous apprendre ce qui eſt le plus capable de nous remettre dans l'ordre, dont le peché nous avoit éloigné, & entre tous les moyens qu'il a cru devoir prendre à cet effet, est celuy de l'humilité sainte, qui est le plus propre & le plus efficace.

Parlez donc, divin reparateur! & prononcez cet oracle qui a produit de si grands effets dans ceux que vous avez rendus, & que vous rendez vos disciples & vos amans. Apprenez de moy, leur dites-vous, que je suis humble de cœur, & decidez sur les consequences de cette excellente vertu.

Confondez tous les superbes, en prononçant l'arrêt de leur condamnation : Si vous ne devenez petits & humbles comme des enfans, vous n'entrerez point dans le Royaume des Cieux. Dites leur que c'est aux superbes que vous resistez, & que c'est aux humbles que vous donnez vôtre grace.

Ah! puisque cela est ainsi, venez, divin amour, venez chasser de nos

O v

cœurs cette paſſion ſi digne de vôtre colere , donnez-nous le foüet
de l'humilité pour de concert a-
vec vous & à l'exemple de nôtre
amante, l'en bannir pour jamais.

Que nous nous ſouvenions toûjours , divin Jeſus ! de cette humilité profonde, qui vous a rendu o-
béïſſant juſqu'à la mort honteuſe
de la croix , afin qu'elle ſoit le remede ou le preſervatif contre nôtre orguëil.

Nous ſentons bien, divin amour !
la tyrannie de cette paſſion , & nous
avons bien lieu de trembler, lorſque nous entendons de vôtre bouche ſainte que celuy qui s'élevera ,
ſera abaiſſé , & que celui qui s'a-
baiſſera ſera élevé : parce que nous
avons , dans l'état de miſere où
nous ſommes reduits , tout ſujet
d'en craindre les menaces.

Donnez donc à nos cœurs, divin
Maître ! ce don précieux , ce treſor
caché de l'humilité chrétienne ,
qui eſt non ſeulement le vray &
ſolide fondement de toute vie in-

terieure , & fpirituelle ; mais encore la gardienne de toutes les autres vertus, le feul moyen d'attirer en nous vôtre mifericorde, &
de parvenir à la poffeffion des grandeurs de la vie bienheureufe.

Saint Jean Climaque en traitant
de l'humilité , compare cette vertu à une vigne , qui eft fujette à
differens états , felon les differentes faifons de l'année.

En hyver, dit ce S. Abbé, c'eft-
à-dire lorfque nous fommes encore dans les foibleffes du peché,
elle eft batuë en nous par les vents
de nos paffions, & elle paroît dans
cet état fans vie & fans force, ainfi que paroît cette plante dans la
faifon de l'hyver.

Au printems de nôtre vie fpiti-
tuelle , c'eft-à-dire lorfque nous
concevons les defirs de pratiquer
cette vertu, l'humilité fainte commence alors à former en nous fes
fruits, ainfi que la vigne commence en cette faifon à boutonner &
à former fes fruits.

Et dans l'esté , c'est-à-dire lors
qu'étant animez d'une sainte ferveur, nous travaillons à nous établir dans cette vertu; nous commen-
çons alors à goûter la douceur de
ses fruits, qui consiste en ce qu'elle
commence à nous plaire , que les
loüanges nous deviennent à charge, & que les mépris commencent
à ne nous pas déplaire, en les regardant comme un bien qui nous est
propre & qui nous appartient.

C'est en cette circonstance où
l'ame est non seulement persuadée
des avantages de cette vertu , mais
qu'elle en est encore penetrée ; parce que, comme il est juste que Dieu
mette sa joye dans la gloire qu'on
luy rend , & qui luy est dûë, il est
juste aussi que nous mettions nôtre
joye dans les mépris qu'on fait de
nous, & qui nous sont dûs ; & c'est
ce que le divin amour nous veut
faire comprendre par la conduite
qu'il inspire à nôtre courageuse a-
mante, afin que par ce moyen elle
parvienne à la veritable grandeur.

rt celivre saint allons nous pre=

r :

le seul miroir que l'on doit

er :

LE
liv
nos yeu
voir da.

posent a
sions de
de sa p
Mais
servent
à satisf
exciter :
tre divi
couvre
quences
re & de
Les C

conten:
ouvrage
ses peric
cle ne :
faire m:
La loi e
meilleu:
me elle:

LE LIVRE
DU DIVIN AMOUR.

LE monde eſt une eſpece de livre que le Créateur expoſe à nos yeux, & où il nous invite de voir dans les créatures qui le compoſent autant de traits & d'expreſſions de ſa ſageſſe, de ſa grandeur, de ſa puiſſance & de ſa bonté.

Mais, helas ! tous ces objets ne ſervent ſouvent qu'à nous diſtraire, à ſatisfaire nôtre curioſité, & qu'à exciter nos paſſions ; tandis que nôtre divin Maître ne nous en découvre pas le ſens, ny les conſequences par le benefice de ſa lumiere & de ſa grace.

Les Cieux, dit le Prophete, racontent la gloire de Dieu, tous ſes ouvrages publient les merveilles de ſes perfections; mais ce beau ſpectacle ne ſert ſouvent qu'à nous le faire méconnoître.

La loi écrite ne nous rend guere un meilleur office, puiſque d'elle-même elle ne peut guerir l'infirmité de

nos volontez , qui nous empêche
d'en accomplir les obligations.

Il n'en eft pas ainfi de l'Evangile ,
qui eft le nouveau traité de l'alliance de Dieu avec les hommes , &
qui eft en cela gravé encore plus
dans nos cœurs par le S. Efprit , fé-
lon Saint Paul , qu'il ne l'eft au
dehors avec l'ancre dans les faints
livres.

Ce livre s'appelle par ce moyen
le livre du divin amour. Il contient
deux chofes. La premiere qui eft
la principale , eft la grace de la foy
pour fes myfteres , de l'efperance
pour fes promeffes , & dè la charité pour fes preceptes & fes confeils.
La feconde confifte dans ces mêmes
myfteres qui nous y font exterieu-
rement revelez , dans ces mêmes
promeffes qui nous y font faites ,
& en dernier lieu dans les preceptes & les confeils qui nous y font
recommandez.

Par la premiere chofe , c'eft-à-
dire par les dons de la foy , de l'efperance & de la charité , ce livre
divin regle l'homme dans fon inte-

rieur & le conduit à sa justification, à sa paix & à son bonheur.

Et par la seconde il regle ce même
homme au dehors dans les moyens
qu'il doit prendre pour se disposer
à ces dons ; soit pour les augmenter
soit pour les conserver, ou pour les
recouvrer, principalement par l'u-
sage des sacremens.

La premiere chose demande sa
confiance, & la seconde son attention & sa vigilance. La necessité, sur tout de la charité, c'est-à-
dire de l'amour de Dieu, vient de
ce que nous sommes encore plus
aveugles par la malice de nos cœurs
que par l'ignorance de nôtre esprit:
car si par l'ignorance denôtre esprit
nous nous eloignons de la verité
que nous ne connoissons pas : par la
malice de nos cœurs nous préferons
les tenebres à la lumiere, & le men-
songe à la verité.

Cette necessité est encore fondée
sur la difference de la justice de la
loy nouvelle & de la justice de la loi
ancienne. La justice de ceux des
Juifs qui se conduisoient selon la

chair étoit purement legale, parce
qu'ils ne la faiſoient conſiſter que
dans le ſeul accompliſſement exterieur de ſes preceptes, ſans ſe mettre enpeine de regler l'intention, ſelon laquelle ilsdevoientl'accomplir
pour être vraiement juſtes devant
Dieu,aulieu que leschrétiens s'attachent encore à regler dans l'obſervation exterieure de la loy leur intention ſelon l'eſpritdela même loi.

C'eſt pour ce ſujet que N. S. condamne ſi ſouvent les Scribes & les
Phariſiens, qui n'en étoient qu'en
apparence les obſervateurs, & qu'il
recommande ſi expreſſement à ſes
diſciples de rendre leur juſtice plus
interieure & plus complette ; s'ils
veulent avoir place dans le Royaume des Cieux.

Le S. Apôtre dans le même eſprit
condamne la negligencede ceuxqui
ſe regardent dans la loy de Dieu
comme le pareſſeux ſe regarde dans
un miroir. Ils ſe contentent d'y remarquer leurs défauts, ſans ſe mettre en peine de les corriger. *Jacob.c.1.*
C'eſt pour nous porter à remedier

ã cette negligence que S. Gregoire
le grand compare aux miroirs des
femmes les divins commandemens
dans lesquels nous devons nous regarder selon l'esprit, & non seulement selon la lettre, en passant &
comme par maniere d'aquit, ainsi
que font les hommes à l'égard des
miroirs, mais comme font les femmes qui y regardent à tous momens
& avec beaucoup d'attention, en
prenant garde jusqu'aux moindres
taches qui pourroient ternir ou di-
minuer la beauté de leur visage, a-
vec cette difference que ce que les
femmes font souvent par vanité &
pour plaire aux hommes, nous le
devons-toûjours faire par vertu &
pour plaire à Dieu.

L'amante representée dans nôtre
Emblême avoit bien compris cette
obligation, par l'attention qu'elle
se donne en lisant dans le livre du
divin amour. Elle est toute occupée
à y remarquer tout ce qui peut la
reformer dans ses mœurs, & à orner
son ame de toutes les vertus pour
plaire à son divin époux,

Elle condamne par cette conduite
la folle passion des femmes qui, ne
s'attachant qu'à la superficie & qu'à
ce qui peut flater leur amour propre,
ainsi que fait cette dame vaine representée dans nôtre image, font
presque toute leur occupation de se
rendre à leur toilette, de se parer
& de se mirer.

Eh ! que voyent-elles dans ces miroirs, sinon l'image de l'homme terrestre, de l'homme vain, sensuel &
charnel, dont la beauté seiche comme l'herbe, & passe comme la fleur.

Ames chrétiennes desireuses de
vôtre salut & de vôtre perfection,
n'imitez pas ces cœurs volages & se-
duits par l'amour prophane : allez
dans vôtre oratoire à la toilette spirituelle dû divin amour : ouvrez ces
livres divins de la loi de Dieu comme autant de miroirs sacrés : regardez Jesus crucifié pour y contempler la beauté de l'homme spirituel,
de l'homme celeste, de vôtre divin
modele, afin de reformer toutes
ces superfluitez mondaines, qu'il
condamne & ne sçauroit souffrir.

Aimer ou mourir.

...rons ou perisson ; il n'est point de
...ieu ,
...ry qui n'aime pas est mort aux
... de Dieu .

D IE
P o.
l'ame est
dre de l
par la ch
on peut
dans un
est priv

L'am
Dieu n
dans l'
dons à s
cipaleme
& les pl
nos cœu
est recoi
que de l
aussi bie
de tout
nos forc
Par l

AIMER
ou mourir.

Dieu eſt la vie de l'ame dans l'ordre de la grace, comme l'ame eſt la vie du corps dans l'ordre de la nature ; & comme c'eſt par la charité qu'il eſt uni à l'ame, on peut dire auſſi que l'ame eſt dans un état de mort lorſqu'elle eſt privée de cet amour.

L'amour que nous devons à Dieu ne conſiſte pas ſeulement dans l'obéïſſance que nous rendons à ſes loix, mais encore & principalement dans les plus intimes & les plus tendres ſentimens de nos cœurs ; puiſque rien ne nous eſt recommandé plus expreſſement que de l'aimer de tout nôtre cœur, auſſi bien que de tout nôtre eſprit, de toute nôtre ame & de toutes nos forces.

Par le cœur, on entend l'acte

principal de la volonté qui eſt l'a‑
mour affectif ou d'union. Par l'eſ‑
prit, on entend l'entendement qui
ſe plaît à s'occuper de Dieu & de
tout ce qui peut ſervir à ſa gloire.
Par l'ame, on entend l'appetit in‑
terieur, où cette heureuſe inclina‑
tion de l'ame qui fait penſer à
Dieu, qui le fait aimer & goûter
ſur toutes choſes. Et par la force,
on entend les actes & les œuvres
exterieures qui en ſont ordinaire‑
ment les ſignes & les preuves les
plus aſſurez.

Le commandement de l'amour
du cœur, ou de l'amour affectif,
nous eſt recommandé ſur tout à
l'occaſion de ce Docteur de la
Loy, qui demandoit à Jeſus-Chriſt
ce qu'il étoit obligé de faire pour
parvenir à la vie éternelle, à quoy
il luy répondit : Vous aimerez le
Seigneur vôtre Dieu de tout vôtre
cœur ; & il commence par l'amour
du cœur, parce que c'eſt cet a‑
mour qui remuë & qui met en œu‑
vre toutes les autres puiſſances de
l'ame, & même celles du corps

qui peuvent contribuer à cette plenitude d'amour necessaire pour l'entier accomplissement de ce divin precepte.

En effet qu'est-ce que l'amour effectif, c'est-à-dire cet amour qui fait observer litteralement les Commandemens de Dieu, sinon ce mouvement qui nous porte à croire à sa parole, à faire l'aumône, à souffrir le martyre & le reste ? Et peut-on faire toutes ces choses utilement pour soy-même independament de l'amour affectif & de cette tendre charité, sans laquelle le saint Apôtre assûre que la foy, l'aumône & le martyre ne servent de rien pour la justification, la perfection & le salut de celuy qui s'en acquitteroit seulement par le mouvement de cet amour effectif?

Non, non, dit le sçavant Theodoret, Dieu n'accorde point la remission des pechez à ceux qui sont sans affection pour luy, & qui n'agissent que par le seul mouvement de l'amour effectif pour les œuvres de la loy, mais seulement à ceux

qui, en aimant Dieu de cœur plus
ou moins comme fontaine de toute juftice, en obfervent les loix &
les commandemens ; celuy de cet
amour du cœur ou d'union en étant
le premier & le principal. *In cap.*
6. *Epl. ad Eph. c. ult.*

Il n'en eft pas de même, dit le
docte Pere Syrmond , de l'amour
affectif. Quand il devient charité,
c'eft-à-dire quand il a Dieu principalement pour objet ; parce que
cet amour, en renfermant l'intention & la volonté d'honorer Dieu,
par l'obéïffance à fes autres commandemens, nous met en état par
ce moyen d'en devenir les vrays &
fideles obfervateurs.

C'eft ce que faint Auguftin nous
enfeigne , en difant que Dieu ne
peut être adoré de l'homme en la
maniere qu'il le demande que par
l'amour de fon cœur : parce qu'en
effet on n'adore fincerement & veritablement que ce que l'on aime
de la forte.

C'eft encore de cet amour dont
entend parler ce faint Docteur ,

lorſqu'il dit à Dieu avec autant de tendreſſe que de reſpect : Seigneur: mon Dieu ! qui ſuis-je pour vous aimer, & par où ſuis-je digne que vous me commandiez de vous aimer ? Vous me le commandez cependant, Seigneur, & ſi j'y manque vôtre colere s'alume contre moy, & vous me menacez d'une étrange miſere commeſi ce n'en étoit pas une aſſez grande que de ne point vous aimer. *l.* 1. *Confeſſ. c.* 5. :

Mais ce n'eſt pas aſſez d'avoir en ſoy par la charité habituelle infuſe & même acquiſe cet amour du cœur pour Dieu, il faut encore en exercer ſouvent les actes, parce que cette vie étant ſujette à de continuelles tentations, ſoit à l'égard de la concupiſcence de la chair qui convoite ſans ceſſe contre l'eſprit, ſoit à l'égard des ſcandales du monde, ſoit par les artifices du demon qui tâche à tous momens à nous ravir ce treſor, nous avons beſoin de nous y oppoſer par le frequent exercice des actes de cet amour, qui ſeul peut nous défendre contre toutes leurs attaques, & ſans quoi nous ſommes en danger d'être vaincus ou au moins de tomber dans le relâche- ment & l'indifference envers nôtre Dieu.

La pauvre amante ſe trouve dans ce triſte état : elle eſt comme en défaillance, non par la ferveur de cet amour, comme l'étoit l'épouſe du ſaint Cantique dans ſes amou- reuſes extaſes, mais par le défaut de l'exercice de cet amour.

Elle eſt ſans aîles, ſans arc, ſans carquoy & ſans flêches, elle n'a point d'autre appuy que l'image de la mort, enfin elle eſt toute mé- connoiſſable au divin amour qui ſemble vouloir l'abandonner en plaignant ſon malheureux ſort.

Amour, divin amour ! ne l'aban- donnez pas, & ſans deliberer da- vantage ny l'épargner, tirez de vôtre carquoy, c'eſt-à-dire de vô- tre cœur tendre & plein de miſe- ricorde, quelqu'une de ſes flêches choiſies pour la porter ſi avant dans

le

le fien, qu'elle fe reveille de fon affoupiffement létargique, & qu'elle fe rende plus fenfible aux traits de vôtre amour en fortant de fon état de mort.

Ames chrétiennes, qui faites profeffion de la vertu, apprenez que quiconque n'a point cet amour d'affection pour Dieu, n'a point pour luy un vray amour ny un vray attachement. Quoy, dit faint Bernard, nous feroit-il permis d'être fans cet amour pour nôtre Dieu ? & nous fuffiroit-il pour accomplir fon divin precepte, que nous fiffions de bonnes œuvres avec un cœur aride & fans affection pour luy, tandis que le S. Apôtre comprend ce défaut parmi les maux qui fe trouvent dans les hommes les plus impies & les plus injuftes ? *Rom.* 1. 31. *& 2. Tim.* 3. 3.

Il ne faut pas entendre par cet amour d'affection l'onction & la fuavité de cet amour, parce qu'elle ne dépend pas de nous, & qu'elle n'eft qu'un acceffoire à cette af-

P

fection que loüe le saint Apôtre
parmi les hommes, & dont saint
Bernard authorise l'obligation envers Dieu dans son sermon cin-
quante sur le Cantique des Canti-
ques.

C'est donc par le défaut de cet
amour, & en negligeant d'en pratiquer les actes, que l'homme se
détache si facilement de Dieu pour
chercher dans les creatures de
quoy satisfaire les affections dereglez de son cœur qui ne peut être
sans cet amour ; & dont l'abus
qu'il en fait le porte à tout ce qui
est le plus capable de le corrompre & de le pervertir dans ses
mœurs.

Si cela est ainsi. Peut-on, ah !
peut-on rendre à l'homme un plus
mauvais office que de le vouloir
dispenser de cet amour ou du frequent exercice qu'il en doit faire ?
Et n'est-ce pas en luy ôtant ce secours & ce puissant appas, qu'il se
livre & s'abandonne si facilement
à l'amour du monde ; & qu'il se
laisse surprendre si souvent aux

charmes trompeurs de cette volupté meurtriere qui enchante tant
de cœurs?

Cette conduite est bien contraire à celle de l'Eglise qui, mieux
instruite de la necessité de cet a-
mour & de l'utilité de son frequent
exercice, ne demande rien tous
les jours dans ses prieres avec plus
de ferveur que le don de ce précieux amour ; & c'est à cet effet
qu'elle s'adresse si souvent dans ses
offices au Saint-Esprit qui en est le
digne Auteur. Oh ! que la presence
de cet amour, & que son usage
frequent cause en nos ames de joye,
de consolation & de force, & que
son absence au contraire cause de
tristesse, d'amertume & de foiblesse.

En effet, qu'est-ce qui rend l'enfer si terrible, si ce n'est qu'en ce
lieu il n'y a point d'amour, & sur
tout cet amour du cœur ? & n'est-
ce pas aussi ce qui le fait appeller
le sejour de la mort, & qu'est-ce
au contraire qui rend le paradis si
desirable, & qui le fait appeller

le royaume de la vie éternelle, sinon parce qu’il est le lieu & le sejour de l’amour, & sur tout de cet
amour qui n’est interrompuë dans
aucun moment, & qui fait toute
la felicité des Saints?

Ca donc, qui que vous soyez,
reveillez-vous de vôtre assoupisse-
ment & levez-vous, voici le divin
amour qui se raproche & qui se
met en devoir de vous faire une
nouvelle playe d’amour. Ne soyez
pas insensible à ce dernier effort de
sa charité, & recevez avec reconnoissance le bonheur d’un retour
si salutaire.

C’est en sortant de ces negligen-
ces que vous apportez dans l’exercice des actes interieurs de cet a-
amour, & en vous en proposant
bien serieusement la fidelle pratique que vous éviterez le malheur
de cette amante, & que vous attirerez de plus en plus du saint époux
les secours de sa charité & de sa
protection dans les occasions où
vous auriez lieu d’en craindre la
malheureuse perte.

Familiarité du Divin Amour

S'abaissant jusqu'à nous, Dieu reçoit
nos caresses;
Sans crainte nous devons repondre a
Sa tendresse.

36.

FAMILIARITE'
du Divin Amour.

EST-il poffible que nôtre Dieu qui eft fi grand, fi parfait & fi majeftueux, veuille bien fe familiarifer ainfi avec les creatures, qui en comparaifon de luy font fi petites, fi imparfaites & fi méprifables.

Quoy, ô divin amour ! convient-il que vous preniez de la forte vos plaifirs avec les enfans des hommes, que vous les préveniez de vos careffes & vouliez bien fouffrir qu'ils vous donnent des marques de leur amour avec tant de familiarité : c'eft fans doute vôtre amour tout genereux & tout tendre qui vous abbaiffe de la forte & qui nous éleve nous-même à ce degré d'honneur.

O amour, que vôtre puiffance eft admirable ? quelle proportion

de l'Etre infini avec une vile creature, d'un ver de terre & d'un
neant avec l'Auteur de tous les
êtres & le fouverain bien ! Cependant c'eft l'amour qui fait ce prodige & qui forme cette amitié fi
étroite entre le créateur & la creature.

Mais, ô divin amant, il faut pour
cela que vous l'aimiez le premier,
& que vous l'aimiez jufqu'au point
de vouloir bien recevoir de fa part
les marques de fon amour comme
chofes qui vous feroient cheres &
agreables. Elles le font en effet,
parce qu'elles ne font que les effets
& les fruits de ce divin amour que
vous avez mis dans fon cœur comme le gage de vôtre amitié, & le
principede celle qu'elle a pourvous.

Certes vous admirez, ames chrétiennes, & avec juftice les abbaiffe-
mens du divin amour jufqu'aux recherches d'une ame au milieu de
fes miferes, & qui ne voyant rien
en elle qui ne foit digne de fon
mépris & de fon averfion, veut

bien cependant prendre dans ſon propre cœur & dans l'ocean immenſe de ſa charité les raiſons & les motifs pour luy faire part de ſon amitié & de ſa tendreſſe.

Mais ſi ce prodige de bonté vous étonne & vous paroît tout admirable , ce n'en eſt pas un moins ſurprenant qu'il faſſe ſortir cette ame comme d'elle-même par le don de ſon amour , & qu'il luy faſſe oublier ſes indignitez pour l'élever juſqu'à la familiarité & aux tendres embraſſemens de ſon Dieu, en prenant poſſeſſion de ſon cœur comme d'un treſor qui luy appartient.

Ouy , ô divin amant ! il ſemble que vous vous oubliez vous-même, en voulant bien que nous vous aimions de la ſorte & avec ſi peu de menagement.

Tous ces myſteres du divin amour ont éclaté merveilleuſement à l'égard de notre Seigneur envers ſa ſainte Mere , & du côté de cette bienheureuſe Mere à l'égard de ſon divin Fils, qui la comblant de grace & d'honneur dans les ſacrez momens de ſon Incarnation, l'engagea auſſi à ne rien oublier pour le combler de gloire par la parfaite ſoumiſſion de ſon cœur; ſa dependance, ſon humilité & ſa reconnoiſſance.

Ce myſtere eſt tout admirable de la part du Verbe divin & du côté de la bienheureuſe Marie: le beau Cantique qu'elle prononça en préſence de ſainte Eliſabeth fut moins une production de ſon eſprit, qu'une effuſion de ſon cœur dont elle avoit retenu juſqu'alors les ſentimens par ſa modeſtie & ſon humilité, qu'elle ne manifeſte que pour la gloire de ſon Dieu & que pour publier ſes bienfaits & ſes miſericordes.

Tout y eſt pieux, tendre & divin, & n'eſt qu'une expreſſion vive & ſenſible de l'amour inconcevable de ſon divin Fils, & de l'amour reconnoiſſant de cette ſainte Mere.

Le ſein de cette incomparable creature fut alors le ſanctuaire des delices d'un Dieu & en même tems des chaftes amours de fa creature, & ces raports intimes tous divins & reciproques dans ce commerce facré furent dans ces momens l'admiration des Anges, le plus grand fpectacle & le plus charmant prodige du divin amour.

C'eft ainfi que nôtre adorable Sauveur en a encore ufé à l'égard des faints Apôtres, qui de pecheurs & d'efclaves qu'ils étoient, en a fait fes confidens & fes plus chers amis, en les rendant pareillement les heros de fon amour & de fa gloire, foit en publiant fon Evangile à toutes les nations, foit en manifeftant la force & la puiffance de fa grace par cette conftance invincible qui les faifoit triompher des tyrans & des fupplices, en leur faifant regarder comme un fujet d'honneur & de joye d'avoir été rendus dignes de fouffrir les plus mauvais traitemens pour la gloire de fon nom & l'établiffement de fon Eglife. *Ibant Apoftoli gaudentes,*&c.

P v

O vous donc , qui q e vous foyez, venez & voyez s'il y a bonté pa- reille à celle du divin amour. Voyez dans ces exemples qui vous font propofez & fur tout dans cette a- mante reprefentée dans nôtre Em- blême , à quel fort vous êtes appel- lez , & n'épargnez rien pour vous rendre dignes de fes bontez & de fa tendreffe.

C'eft en imitant , ames chrétien- nes & religieufes , tant d'illuftres amans & tant de faintes amantes, dans leur détachement des creatu- res , dans leur zele , dans la ferveur de leur devotion , dans la fide- lité à s'aquitter de leur devoir & dans le foin de plaire à Dieu en toutes chofes que vous parviendrez à ces tendres commerces avec le divin amour. C'eft lui qui en vous faifant goûter dés cette vie les dou- ceurs de fon amitié, vous fera re- greter d'avoir fi fouvent proftituez la vôtre à des creatures qui en font fi indignes.

Les fontaines desalterantes du Divin Amour

Fontaine toujours pure ! O Source
Salutaire,
En goustant de ton eau l'ame se
d'esaltere.

LES FONTAINES
DESALTERANTES
du Divin amour.

L E divin amour renferme en
luy-même tous les trefors de
la fageffe , c'eft-à-dire , de toutes
les vertus qui forment l'homme fage , & qui font les vrayes richeffes
de fon ame , & c'eft par le miracle
de fa grace qu'elles fe changent
pour nous en un breuvage autant
agréable qu'il eft falutaire.

En ce jour , dit le Prophete Ifaïe,
vous viendrez puifer avec joye les
eaux dans les fontaines du Sauveur,
& vous direz en ce même jour:
Rendez graces au Seigneur , & in-
voquez fon faint Nom : ce jour eft
venu , & la prophetie eft accomplie.

Ces fontaines du Sauveur font les
Sacremens de l'Eglife qui renfer-

ment les eaux de la gracé. Les faintes Ecritures le font auffi en un fens,
parce qu'elles contiennent , felon
l'expreffion des mêmes Ecritutes ,
les eaux précieufes de la fageffe de
Dieu , c'eft-à-dire , les veritez de la
foy , les regles de nos mœurs & l'af-
femblage de toutes les vertus qui
doivent fervir à nôtre perfection,
& à défalterer ceux qui font alterez & qui ont foif de la juftice,
c'eft-à-dire , de tout ce qui eft jufte , faint & parfait.

Ces fontaines myfterieufes font
reprefentées dans nôtre Emblême
par ce grand refervoir ; & les vertus principales que le divin amour
nous propofe & nous recommande,
y font auffi reprefentéespar ces differentes chofes qu'il fait tomber
dans ce même refervoir où la jeune amante s'eft renduë pour fe dé-
faltererdela noblefoif qui la preffe.

. C'eft le même amour que nous
infpire la divine fageffequiprefide à
ce facré refervoir, qui nous rend en
même tems toutes ces chofes dif-

ferentes également potables, c'eſt-
à-dire, auſſi faciles & agréables à
pratiquer, que l'eau de la fontaine
paroît douce & charmante à ceux
qui font preſſez de la ſoif.

Ouy, ames chrétiennes, ouy la
foy repreſentée par cette colonne
de marbre devient un breuvage qui
fait couler en nous le torrent des
veritez ſaintes : & la charité repreſenté par cet autel, où le feu ſacré du divin amour doit toûjours
brûler, eſt changée en un fleuve de
feu qui doit éteindre en nous celuy
de nos paſſions.

L'eſperance chrétienne repreſentée par un ancre de fer, devient
auſſi une liqueur qui nous donne
un avant goût des delices de la
ſouveraine felicité : & la juſtice,
dont les balances font le ſymbole,
nous devient pareillement comme
une eau ſalutaire qui chaſſe de nos
cœurs les impuretez de l'amour
propre qui eſt également la ſource
de toutes nos ſoüillures & de nos
injuſtices.

La temperance & la mortification repreſentées par le more & par les brides nous deviennent comme un purgatif qui doit éteindre & guérir en nous la ſenſualité qui a beſoin de ce remede. Enfin la prudence, dont le miroir eſt le ſymbole, nous devient un preſervatif contre tous les égaremens de nôtre raiſon, & le dereglement de nos affections dans l'ordre de nôtre conduite, & la pratique de toutes les autres vertus.

C'eſt le divin amour qui fait tous ces prodiges, en nous rendant douces & faciles ces differentes vertus que l'amour propre nous rendoit auparavant ſi ameres & ſi inſuportables.

Ah ! dit un ſaint Prophete preſſé de la ſoif & agité de trouble, Qui me donnera une retraite dans cette terre deſerte pour joüir de quelques momens de repos, & pour y trouver à me déſalterer dans l'extrême ſoif qui me brûle ? *O ſi quis mihi daret potum aquæ de cyſterna quæ eſt in Bethleem. 2. Reg.*

N'en cherchons point d'autre, ames chrétiennes & defireufes de vôtre perfection, que celle de cette fontaine des eaux vives : allons-y tous enfemble,& courons-y comme le cerf courre à la fontaine preffé parla foif qui le devore. Ouy , allez vous tous qui avez foif & qui êtes alterez, approchez de ces eaux & de ces divins breuvages , & vous qui ne fentez pas encore le befoin que vous en avez , ne laiffez pas que de vous en approcher & de vous y rendre , car ces eaux non feulement ont la vertu de defalterer ceux qui ont foif , mais elles donnent encore la foif à ceux qui ne l'ont point.

Ne les épargnez pas ny les uns ny les autres, & ne les prenez pas par mefure comme firent les foldats de Gedeon, à qui l'abondance des eaux du Jourdain fut défenduë , parce qu'elles étoient la figure des vains plaifirs de ce monde , dont il faut ufer avec beaucoup de temperance & de fobrieté , au lieu qu'on ne peut trop se raſſaſier des eaux de nos admirables fontaines dont l'abondance nous eſt ſi ſalutaire.

Beuvez-en donc à long traits, vous tous qui êtes alterés , multipliez-en les breuvages, à meſure & toutes les fois que ces aimables vertus vous les preſenteront, n'en refuſez pas une ſeule ; car elles ſont toutes les compagnes du divin amour , & elles ſont toutes également neceſſaires & bien faiſantes.

Venez donc, divines vertus, venez & donnez-nous à boire des eaux de vos cyſternes, afin de déſalterer nos cœurs amoureux de vos ſacrez breuvages , preſentez-les-nous non ſeulement pour nous deſalterer de la ſoif que nous en avons ; mais encore pour nous ſervir de remede & de preſervatif contre tous les vices qui leur ſont oppoſez , & qui nous empêchent ſi ſouvent de les aimer & de les pratiquer.

Fidelité du Divin Amour

Point de fin pour l'amour Sa flamme est immortelle,
Et de la charité la chaisne est éternelle.

FIDELITE'
du Divin Amour.

DIEU eſt fidele dans ſes paroles & inviolable dans ſes promeſſes, il eſt conſtant dans la volonté qu'il a de nous faire du bien, il
n'oublie rien pour nous en donner
des marques, & le bienfaiteur incomparable eſt tel à nôtre égard
par ſa ſouveraine bonté & ſa toute puiſſance.

Mais il n'eſt rien au contraire de
plus infidele, de plus volage & de
plus inconſtant dans ſes volontez
& dans ſes promeſſes que l'homme,
& il eſt tel par ce malheureux fond
qui eſt en luy d'aveuglement, de
malice & de foibleſſe qui luy font
oublier & manquerà ſes plus juſtes
& à ſes plus eſſentiels devoirs.

Dieu, dit ſaint Auguſtin, ne ſe
détourne jamais de nous le premier : il ne s'en éloigne que lors
que nous nous en ſommes éloignez,

nous-mêmes les premiers, & il ne
nous oublie & ne nous abandonne
point que nous ne l'ayons oublié
& abandonné les premiers. *Non*
enim deserit, nisi prius deseratur.

Que dis-je, son amour est si fidel, si genereux & si perseverant,
qu'il nous prévient souvent de ses
recherches, lors même que nous
le fuyons davantage.

C'est ce qu'il nous fait entendre
par son Prophete, lors qu'il dit
qu'il a été trouvé par ceux qui ne
le cherchoient pas ; & lors que parlant de son peuple sous le nom de
la fille de Sion, qui l'avoit aban-
donné, il proteste qu'il a toûjours
part dans son amour nonobstant
ses rebuts & ses infidelitez.

Si une mere, dit cet aimable
Pere, peut-être capable d'oublier
son enfant, je n'oublieray jamais
mon peuple tout inconstant & tout
infidel qu'il devienne.

La conduite des hommes envers
Dieu est bien differente, car non
seulement ils s'en détournent, ils

s'en éloignent, ils l'oublient & le méconnoiſſent, mais encore ils l'abandonnent & le mépriſent nonobſtant ſes recherches & ſa tendreſſe.

C'eſt dans ces circonſtances ſi touchantes, & tout penetré d'amour & de compaſſion, qu'il s'écrie par ſon Prophete à ce peuple ingrat ſous le nom de la vierge d'Iſraël : revenez, luy dit-il, revenez à vôtre Dieu, juſqu'à quand ſerez-vous dans l'égarement & enchanté des vains plaiſirs auſquels vous vous êtes ſi lâchement proſtituez. *Revertere, revertere virgo Iſraël filia vaga, uſquequò deliciis diſſolueris.*

Eh ! qui porte l'homme à traiter un Dieu ſi bon d'une maniere ſi dure, ſi mépriſante & ſi injuſte, ſinon ſon amour propre auquel il s'eſt livré luy-même pour des choſes de neant, & qui ne peuvent luy attirer que ſon indignation & ſa colere.

Il n'y a que vous, ô mon Dieu ! qui pouvez le retirer de cet état d'aveuglement & d'injuſtice, en

devenant sa lumiere & son amour;
& en faisant regner en luy par le
don de vôtre charité, l'ordre qu'il
méprise par le dereglement de sa
cupidité.

Mais afin que vôtre amour opere
en luy ce bon office, il eſt neceſſaire qu'il ſoit fidel de ſa part à
éviter les moindres fautes volontaires, & qu'il ne neglige rien de
ſes devoirs & de ſes principales
obligations.

C'eſt, ô divin amant ! ce que
vous recommandez à cette amante
de faire, & ce qu'elle ſe propoſe
elle-même de pratiquer, en vous
proteſtant que ſon amour & ſon
attachement à vôtre ſervice dure-
ront juſqu'à la mort : ainſi que le
feu & la lumiere de cette bougie
ardente doit durer juſqu'à ce qu'elle ſoit reduite en cendre.

. Toûjours occupée de ſa religion,
dont le temple dans nôtre Emblême eſt la figure, elle s'en fait une
loy dans les petites comme dans les
grandes choſes ; rien ne luy paroît

indifferent , tout luy eſt cher & précieux pourvû qu'il puiſſe luy ſervir à répondre à l'amour de ſon bien aimé ; & il ſemble par leurs maintient reciproque qu'il y a entre elle & le divin amour une pieuſe émulation pour ſe donner mutuellement des témoignages & des aſſùrances d'attachement & de fidelité.

O puiſſance de la charité de nôtre Dieu ! que ſa preſence nous eſt neceſſaire , & qu'elle opere en nous de merveilles lorſqu'elle eſt en nous l'amour principal & dominant de nos cœurs ! Demandez donc , ames devotes , cette grace , & tâchez d'imiter le zele & la perſeverance de cette amante , afin de répondre autant qu'il eſt en vous à la conſtance & à la fidelité de ſon amour.

C'eſt en évitant de tomber volontairement dans les fautes legeres que vous éviterez , dit ſaint Bernard, l'infidelité dans les plus grandes. *A minimis incipiunt , qui in maxima proruunt.*

Le divin amour ne ſe contente
pas de quelques bonnes œuvres par
intervale , & qui ſouvent ne ſont
que ſuperficielles ou trés-imparfai-
tes. Il veut qu'on ne ceſſe point de
les pratiquer , & qu'en les prati-
quant on le faſſe avec le plus de
perfection qu'il eſt poſſible de faire , ſoit en baniſſant de nos cœurs
toute affection au peché , ſoit en
nous éloignant de tout ce qui pou-
roit nous porter à le commetre ;
puiſqu'il n'y en a pas un ſeul, pour
leger qu'il ſoit, qui ne faſſe quelque injure à ſon amour.

C'eſt l'affection du cœur que Dieu
demande principalement , & celui-
là n'aime pas veritablement , dit S.
Auguſtin , qui ne craint point de
déplaire à celuy qu'il aime , auſſi
bien dans les moindres choſes que
dans les plus importantes. *Non ſatis
te amat Domine qui tibi diſplicere non
timet tam in parvis , quàm in magnis.*

Union du Divin Amour

Victorieuse enfin des perils de la vie,
A Son Dieu pour toujours l'ame se
voit unie.

UNION
du Divin Amour.

L'HOMME innocent n'avoit rien en luy qui fût opposé à Dieu. Son esprit s'en occupoit sans peine, & son cœur ne goûtoit rien de plus doux que son amour. Sa raison n'étoit point troublée par les passions, & il joüissoit dans son appetit d'une tranquillité parfaite.

L'homme depuis le peché n'a rien au contraire en lui qui ne soit opposé à Dieu, son esprit ne peut s'en occuper sans se faire quelque violence, & son cœur ne trouve rien qui lui soit plus à charge que de l'aimer; sa raison est troublée par ses passions & son appetit revolté lui fait une guerre continuelle.

JESUS-CHRIST nôtre adorable Sauveur est venu pour reparer cet homme, & pour le remettre dans l'ordre. Il y est venu avec le glaive & avec le feu; avec le glaive de la mortification & avec le feu de la charité. Par le glaive de la mortification il le ſepare de toutes ſes convoitiſes, il arrête les revoltes de ſon apetit, & il fait ſervir à la juſtice par les œuvres penibles de la penitence, tout ce qui avoit ſervi au peché.

Adam, le premier des pecheurs, a paſſé toute ſa vie dans la mortification, & Dieu ne l'a laiſſé ſur la terre durant l'eſpace de neuf cent ans que pour prolonger ſa penitence, & que pour ſervir d'exemple à ſa poſterité dans le même exercice.

JESUS-CHRIST, le principal & le premier penitent de la nouvelle loi, quoiqu'il fût innocent, & qu'il fût la ſainteté même, a voulu que ſa vie fût une croix perpetuelle, & un continuel ſacrifice de penitence.

Il ne s'eſt pas contenté d'être venu apporter le fer de la mortification, il eſt encore venu apporter le feu de la charité pour détrôner de nos cœurs le propre amour, cet injuſte uſurpateur, afin d'y établir le regne du divin amour, qui en eſt le

maître

maître legitime, en nous reuniſſant à nôtre aimable principe, en qui ſeul nous pouvons trouver la paix & la vraye liberté.

C'eſt l'état où ſe trouve l'amante repreſentée dans nôtre Emblême. Le divin amour aprés l'avoir puri-fiée de ſes imperfections & de ſes pe-chez, aprés l'avoir ornée de toutes les vertus par le don de ſa charité, qui en a été en elle l'heureux prin-cipe, l'a enfin élevé à cette union glorieuſe, pour ne plus faire avec lui qu'un même eſprit & qu'un même cœur, par la conformité de ſes ſen-timens, & de ſes affections.

Le lieu où ſe forme cette union tant deſirée, n'eſt autre que le cœur de cette amante, qui eſt repreſen-té par ce vaſe qui eſt elevé entre le ciel & la terre, & qui en cela en eſt le ſymbole.

Ce n'eſt plus dans un temple groſ-ſier ny materiel, où le divin amour veut former cette union, & éta-blir cette paix ; c'eſt dans le cœur de ſa chere amante, qui en eſt deve-

Q

nu comme le ſanctuaire.

Il n'y a plus en elle d'agitation, ny de trouble, ſon ame eſt devenuë ſemblable à cette mer, qui eſt dans le calme, & où le vaiſſeau de ſon cœur n'eſt plus expoſé à l'orage des paſſions. Le divin amour n'eſt plus auſſi en mouvement à ſon égard, comme par le paſſé pour la cher-cher, pour la rappeller, ou pour la ranimer dans ſes devoirs.

Il a quitté & jetté par terre ſon carquois, ſon arc & ſes flêches, & il ne ſonge plus qu'à joüir luy-même en paix de ſa conquête, & du doux fruit de ſes combats & de ſes vic-toires.

S'il panche la teſte vers la terre, ainſi que fait par ſympathie ſa chere amante, ce n'eſt que pour la faire ſouvenir de ſes égaremens, de ſes troubles & de ſes maux paſſez; & la porter à goûter avec plus de joye & de reconnoiſſance les dou-ceurs de la paix, dont elle eſt toute penetrée dans le bonheur de ſon union, & de ſa conformité aux volontés de son bien-aimé.

C'est à cette union, ames devotes, que vous êtes appellez, & à la quelle vous devez tendre dans vos pratiques spirituelles, & dans la frequentation des sacremens. Mais souvenez-vous que vous ne pourrez parvenir à ce bonheur, que par le parfait dépouillement des creatures, & que ce dépouillement ne peut s'acquerir que par la mortification de vos sens, de vôtre esprit & de vôtre propre volonté, & qu'en vous conformant en tout selon le saint apôtre à Jesus-Christ vôtre divin amour.

En effet, qu'est-ce qui nous separe de Dieu, ou qui interrompt en nous son amour, sinon l'attachement que nous avons pour les creatures, & nôtre extrême passion pour les plaisirs des sens ? & qu'est-ce aussi qui nous agite si fort en cette vie & nous cause tant de trouble, sinon nos inclinations immortifiées & nos repugnances pour les épreuves & les souffrances ?

Tout nôtre repos & toute nôtre paix consiste donc à aimer, à estimer & à approuver ce que Dieu, aime, estime & approuve, comme aussi à haïr, à méprifer & à defapprouver ce qu'il hait, méprife & defaprouve. Dieu hait le peché & tout ce qui donne lieu & porte de soi au peché. Il aime au contraire, il estime & il approuve les croix & les souffrances, parce qu'elles font honneur à sa justice dans les pecheurs, & qu'elles fervent à conferver les justes dans leur justice.

C'est ce qui doit nous faire conclure avec le saint Apôtre, que depuis le peché on ne peut vivre à la grace qu'en mourant à foi-même, & nous devons nous attacher à cette conduite, en retranchant chaque jour quelque chose de cette vie des fens, qui s'oppose à la vie de l'esprit, afin de pouvoir dire avec le même faint Apôtre : Ce n'est plus nous qui vivons, mais Jefus-Chrift qui vit en nous.

Sommeil mistique du Divin Amour

Les tourmens sont passés; plus de
pleurs plus d'allarmes,
D'un repos éternel l'ame goûste les
charmes.

SOMMEIL MYSTIQUE
DU DIVIN AMOUR.

ON fatisfait à la Loy de devoirs felon l'efprit , & par l'amour qu'on a pour la juftice de fes preceptes , & non feulement felon la lettre.

C'eft l'etat où fe trouve nôtre amante. Tandis qu'elle s'en acquittoit feulement par des vûës temporelles, ou par des fentimens d'une crainte purement fervile , elle ne pouvoit en attendre un vray repos; parce qu'alors fes inclinations dominantes & fon amour propre formant en elle des repugnances & des oppofitions , donnoient lieu fouvent à la tranfgreffer , ou au moins à s'en éloigner au dedans, lorfqu'elle paroiffoit y fatisfaire au dehors. C'eft ce qui la mettoit dans

Q iij

une eſpece de contrainte, qui l'empêchoit de joüir en ſon ame d'une
parfaite tranquilité.

Mais à preſent que la charité
eſt devenuë comme ſuperieure à
l'amour propre & comme la Maî-
treſſe de ſon cœur, qu'elle n'a plus
rien en elle de volontaire qui la
gêne & qui la combatte, elle goûte la douceur d'un calme tout divin.

C'eſt dans ce precieux repos que
le divin amour acheve en elle
toutes les merveilles qu'il a operé
en ſa faveur, ainſi que nous avons
tâchez de l'expliquer dans les reflexions precedentes, & qu'il eſt luy-
même en aſſurance au milieu de
ſon cœur, où les paſſions étant
ſoûmiſes & comme abbatuës font
honneur à ſa preſence & à la charité qu'il y a établie en y regnant
en quelque ſorte pleinement, ſans
toutefois intereſſer ſa liberté, dont
elle eſt également la lumiere, la
force, la perfection & le merite.

Vous n'avez plus beſoin, ô di-

vin amour , de vôtre carquois , de
vos fleches , ny de vôtre arc contre cette amante ; vous les avez jet-
tés par terre pour ne plus vous
occuper qu'à prendre avec elle vos
douces complaisances dans ce charmant repos.

Le livre de l'Evangile , fur lequel
s'appuye cette amante , ainfi que
fait fon divin époux pendant ce
fommeil myftique , fait à prefent
fa paix & fa confolation , aprés avoir
fait auparavant la matiere de fon
travail , de fes combats & de fes
larmes ; & ces trois vaiffeaux ou
ces trois ruches remplies de miel,
ne font que les fymboles de cette
plenitude d'amour & de grace,
dont le bien aimé a comblé fon ame.

C'eft en cet état qu'elle devient
comme un jardin fertile , où elle
invite le divin amour de manger
du fruit de fes arbres , c'eft-à-dire
des plantes divines de la foy , de
l'efperance & de la charité fainte
qu'il a mis en elle , de cette foy,
dis-je , qui , quoy qu'environnée

de nuages & d'obscuritez, lui fait
voir & concevoir les merveilles de
ses plus hauts mysteres, dans l'attente de ce midy de l'éternité bienheureuse, où le soleil de justice fera éclater sa verité sans mélange,
& où il sera d'autant plus sûr de se
reposer, dit Saint Bernard, qu'on
se reposera avec celuy, qui doit
en même tems nous combler de
ses biens. *In quo qui pascit, cubat simul,*
quod est magnæ securitatis judicium. In
Cant.

C'est l'heureuse disposition où
se trouve cette amante. Il n'y a plus
rien en elle de propre & de volontaire qui puisse déplaire à son bien
aimé. Tout ce qui s'y passe de son
son gré, ou de son choix, est un
effet de son amour & de la charité dont elle est penetrée. Les puis-
sances de son ame sont dégagées
des activitez & des mouvemens de
la nature corrompuë, & elles n'en
ont aucun de libre que par celuy
de la grace à laquelle en cet état
elles sont entierement soumises ;

elles en font comme le fanctuaire;
elle y prefide, elle en eft l'oracle,
& elle y exerce fes admirables operations avec une facilité également
douce & victorieufe.

Semblable à l'aiguille frottée de
l'aymant qui fe tourne continuellement & imperceptiblement vers
le Pole, elle fe tourne & elle s'é-
leve fans aucun effort ny repugnance volontaire à tout ce à quoy le
divin amour l'attire, ou femblable
à une toile bien preparée pour recevoir du peintre les differens traits
de fon pinceau, elle eft toûjours
difpofée à recevoir ceux du divin amour.

Oh que cet état eft précieux,
qu'il eft rare, de peu de durée!
Et combien en peut-on facilement
decheoir, foit par le poids de nôtre
propre fragilité, foit à caufe de la
violence des tentations qui pendant cette vie ne ceffent point de
nous attaquer.

C'eft cependant pour n'y point
déroger, quand il a plû à Dieu de

nous y faire parvenir ; ou pour ne
pas nous en éloigner , lorſque la
grace nous y veut conduire, que
nous devons tâcher à nous procurer cette plenitude d'amour que
demande le Saint Epoux , & qui
nous doit être ſi glorieuſe & ſi
ſalutaire dans l'exercice de la vie
interieure & ſpirituelle à laquelle
nous ſommes appellés.

Ne penſez pas , ames fidelles,
par ce que je viens de dire , que
je veüille que vous ſoyez ſans
action , & dans l'indifference d'a-
gir , ou même dans l'attente de
la motion ſenſible du Saint - Eſprit , ſans prendre les moyens que la
prudence chrétienne peut vous preſ-
crire à cet effet, puiſque cette conduite ſeroit une pure temerité que
l'Egliſe condamne de preſomption,
d'ignorance & d'illuſion ; mais j'en-
tens que vous n'agiſſiez pas , lorſque vous avez occaſion de le faire
dans la vie ſpirituelle & dans la
conduite de vos mœurs, ſans avoir
fait quelque attention ſur ce que

la juſtice, l'ordre & la charité demandent de vous.

Imitez l'épouſe du Cantique
qui n'entra dans les celliers de
l'époux, & ne bût du vin de ſon
amour que pour rendre ſa charité mieux inſtruite & plus reglée:
en ſorte que tout ſoit en vous également dans l'ordre, dans la paix &
& dans la tranquilité, en uſant
à cet effet de toutes les pratiques
les plus autoriſées de la même
Egliſe.

C'eſt ainſi, ames vraiment pieuſes & deſireuſes de vôtre perfection,
que vous participerez au milieu
de vos plus grandes occupations,
& de vos plus violentes épreuves,
au calme de cette amante, & aux
faveurs du divin amour, à qui
ſeul ſoit honneur & gloire à jamais. Ainſi ſoit-il.

F I N.

Lightning Source UK Ltd.
Milton Keynes UK
UKHW011309211118
332724UK00010B/546/P